打造元能力，
孩子的未来不会差

培养孩子赢在终点的核心竞争力

王茹辛——著

教育的目标，
是赋予孩子"元能力"

人们总说，孩子呱呱坠地时就像是一张"白纸"，但实际上科学研究早已证实：即使是刚出生的孩子也带有先天的"基因"，这使得他们在日后展现出不同的个性。

其实，初为父母的家长们更像是一张"白纸"：面对着这个崭新的生命、这个承载着无限希望的孩子，我们到底应该如何教育、引导，以让他们真正创造并拥有属于自己的幸福人生呢？

因为爱之深，所以望之切。对于孩子的成长，我们有时会"着急"，觉得他们学得太慢；有时又过于"贪心"，觉得他们学得太少。但孩子到底应该学些什么？哪些能力对他们而言是更为重要的？对于此类问题，我们未必心中有数。

这就是我写作本书的缘由：作为一位母亲和一名教育研究者，我希望将自己的经验、感悟以及在无数次反省和研究中获得的启发，经过实践证明行之有效的做法一并分享给广大的父母；同时尽已所能建构一个面向未来的能力体系，尝试为亲子教育确定一个大方向。

在我看来，对孩子的教育不能"贪多求快"，也不能"面面俱到"，而应"抓大放小"，引导孩子构建一些基本的核心能力，也就是所谓的"元能力"。之后，他们将带着这样的"元能力"一路向前突破，去塑造自己的人生。

我把孩子面向未来所需的"元能力"分成五大维度，其中除了大家熟悉的"智力""情商"，还特别加入了"审美"这个维度——在日新月异的数字化时代，这将是人类区别于人工智能的独特优势，也是孩子寻求人生幸福感的重要路径之一。

而在"智力"发展之外，意志的锤炼和对内心的探寻同样重要：在智力旗鼓相当、所享有的教育资源区别不大的情况下，是坚定的意志、强大的内心、丰富的精神世界，决定了孩子最终能够到达的高度和其人生的丰饶程度。

正因为如此，在对每一种能力进行阐述时，我都会先分析其价值和意义，然后介绍具体的培养途径和技巧。但这些并不是"标准答案"，我希望以此抛砖引玉，启发作为读者的家长们进一步去探寻相关能力的价值，去发现更适合自己孩子的关于"元能力"的构建方式。

需要注意的是，孩子的学习和成长不能与最日常、最普通的生活割裂开来。当谈到各种能力的培养时，我们固然可以选择各种各样的课程、林林总总的练习册，但下了课，合上练习册，这些能力就被锁住了吗？不是的，生动鲜活的大自然和我们每天生活其中的环境才是无穷无尽且更有趣的知识与能力的"宝库"，更有利于孩子举一反三、学以致用，获得更大的学习乐趣。

"元能力"的启蒙与培养，将贯穿孩子从学龄前到大学前的学习阶段。这是一个潜心播种、静待花开的过程，是一次又一次"润物细无声"的逐步提升。为此，我们需要以自己和孩子都习惯、熟悉和喜欢的方式来进行，不能急于求成，而要享受这个过程，在有趣、有益的亲子互动中观察孩子的变化，与他共同成长。

《礼记·中庸》中对于"教育"有着非常精准的概括："天命之谓性，率性之谓道，修道之谓教。"也就是说，每个孩子都带着天生的使命而来，都拥有自己的天性，我们需要引导孩子发掘其天赋和潜能，并通过一定的练习来强化、提升、完善这些能力。

没有谁比家长更了解孩子。从发掘天性、引导潜能的角度而言，家庭教育具有学校教育无法替代的作用。在构建孩子"元能力"的过程中，家长不应当是"监督者"，而应当是"引导者"和"支持者"：以充分的耐心来陪伴孩子，帮助其实现蜕变，并包容他们暂时的失败和错误，为他们指出前行的方向。

从这个意义上说，这本书不只是家长培养孩子的"指南"，还是家长"查漏补缺"的"入口"：作为成年人的我们也可以以此为参照，找到自己成长过程中缺失的环节，与孩子一起体会和揣摩，一起持续地进行自我完善。

最后，我想特别提及的是，我们全部的努力——家长的用心栽培，孩子的全力成长——最终目的不是创造一个确定无疑的未来，不是获得一种单一标准的"成功"，而是找到属于自己的、独一无二的幸福。这种幸福与我们的能力、心性、素养息息相关，更与我们对自己的认知、对世界的理解紧密相连。

我希望通过本书的分享，和大家一起探讨亲子共同成长、彼此正向影响的路径；同时让我们的心灵从过多的功利、过强的目的性中"解放"出来，从而助力我们与孩子走向心灵的安宁与富足，走向幸福的人生。

目录
Contents

第一章 | 启"智"：由表及里地开始智力启蒙

观察：从"本能"到"能力" · 002

想象："故事"比你想的更有用 · 015

表达：于细微处学"说话" · 027

思辨：360°的思维体操 · 038

第二章 | 通"情"：培养受益终生的高情商

自我认知：贯穿一生的功课 · 058

共情：神奇而美好的"读心术" · 074

六大法则：应对情绪"小怪兽" · 086

好说好听：让"沟通"达成所愿 · 095

第三章 | 审"美"：体会陶冶情操的艺术之美

审美之前提：放下"功利心"·110
审美之核心：多管齐下激发感受力·119
审美之技巧："乾坤挪移"的小"心机"·132
审美之创造：从模仿开始的创意飞跃·146

第四章 | 炼"志"：重塑面向未来的强大意志力

不畏惧：迎难而上，"逆势"成长·158
不脆弱：构建韧性，适应变化·169
不"躺平"：自我管理，控制欲望·179
不逃避：直面内心，勇敢担当·189

第五章 | 明"心"：实现以幸福为目标的心灵完善

认同自己：点亮每一个"喜欢"·202
理性"谈情"：学会爱与被爱·210
寻找意义：激发人生的动力·225
探索内外：与三重"世界"和谐相处·238

第一章

启"智":
由表及里地开始
智力启蒙

观察：从"本能"到"能力"

在古老的中国神话中，天与地本来是不分彼此、混沌一片的，是巨人盘古从沉睡中醒来，抡起斧子劈开了天地，这才让黑漆漆的世界有了光亮。无独有偶，西方的《圣经》关于创世的神话中，同样提到上帝在创造世界的第一天便说："要有光。"有了光才有了白天、黑夜，继而有了山川大海、生灵万物。

为什么"光"这么重要？为什么要打破混沌与黑暗？因为我们需要"看见"。"看"是我们理解世界的方式，"目光"是我们连接自身与外界的第一道光。

看，最初是出于本能。我们只是感到自身有一种冲动和渴望，想要去"看"，但并不清楚要看什么、怎么看。刚出生的婴儿从迷蒙中睁开眼——他们不知道自己正在"看"，虽然已经开始了"看"的行为。

从"看"到"观察"，就是一个从无意识本能到有意识觉知的过程。观察就是带有目的性的"注意"，是我们认识事物的开始，也是我们学习一切知识的前提。如果以电脑术语来打比方，我们可以把"看/观察"作为前端"输入"的方式，而把"看"到的事物及其引发的一系列反应看作后端的"处理"，包括分析、辨认、唤起某种情绪或回忆、做出某种决定等。

这一过程的"前"与"后"密不可分、互相影响,而训练"看"的能力也因此成为培育和强化孩子智力的第一步。

从"散点"到"系统"的观察

心理学研究发现,当婴儿的眼睛转来转去地观察身边的事物时,他们往往更喜欢对比度高、明暗差别比较大的图案。这时他们的视觉适应力并不够,还无法分辨细节。比如,当两个月大的婴儿看一个棋盘时,或许他只能看到一团模糊的颜色,而无法分清纵横交错的线条。此时的世界对于他而言正是混沌未开的,只有光线和色彩在融合、跳动。

但是很快,孩子"看"的能力便飞速发展。从分辨动静、形状到判断事物的大小、远近,一个正常孩子的视觉能力在几个月到一年的时间里就会有突飞猛进的发展。此时,作为父母的我们只旁观即可,也就是观察孩子在"看"的方式与对象上有哪些偏好,并适时给予满足。

需要注意的是,在一岁以后直到学龄前,孩子可能会长时间处于一种简单纯粹的"看"的阶段,而不是我们所谓的有意识的、科学的"观察"。此时他们的"看"呈现出一个很显著的特点,那就是"散点"。

假设绘本中有一页是这样画的:画面中间有一个巨大的橙黄色南瓜,南瓜上有一只红黑相间的小瓢虫,旁边则有一只灰色小老鼠正要努力推动南瓜；画面左下角绘有一片草地，草地上长着几朵不起眼的蘑菇，其中一朵蘑菇上有一只瞪着大眼睛的蜗牛；另外还有一些蜜蜂在围着南瓜飞舞……

如果你让一个两岁左右的幼儿来观察这个画面，问问他看到了什么，他可能会说老鼠和南瓜，也可能会说南瓜上有一只瓢虫。还可能在你有意指到画面正中的南瓜时，他却关注到蹲在蘑菇上的不起眼的蜗牛……

对于幼儿来说，画面上的物象是一股脑儿涌到眼前的，他还不懂得按照一定顺序或者针对某个重点去观察。他的"看"是兴之所至，而不是受理性驱使的。作为家长，我们要允许和包容这段"散点"观察期的存在，因为这将在很大程度上激发和维持孩子"看"的兴趣。

人类的智力发育，最初不过是出于求生的本能，而兴趣的产生是促使智力发育不断深入和强化的动力。当孩子惊喜地用目光"抓住"画面上的某个点时，如果你认为这个点不重要而"纠正"他并让他关注你所关注的地方，那么，这对孩子兴趣的打击将是非常大的。他会感到自己"看"的本能受到了阻碍，从而拒绝继续"看"，或者仅仅是敷衍地随便瞅瞅。

当孩子长到六七岁时，家长可以引导其进行系统性的观察。所谓"系统性"，就是指设定明确的观察目标、执行具体的观察任务、总结观察到的结果和规律，完成这样一套简单却有效的流程。

训练孩子的观察力需要家长"有意识"的引导，但观察的对象和环境最好是在不那么刻意的日常情境中，比如亲子共读的时刻，在公园游玩的时候，或是在小区里散步的时候。在设定观察目标时，要遵循"划圈子"原则：尽量框定一个比较小的区域范围，在这个区域内要尽量多一些不同种类的事物。

如果是在小区里，我们可以框定有儿童游乐器材或健身器材的区域，让孩子按照从近到远或是从大到小的顺序来观察其中的事物；如果是在公园里，我们可以框定一片花坛，按照从左到右的顺序观察花朵的不同颜色和形状。

无论是颜色还是形状，这都是事物的核心特征。我们的观察任务既可以针对这种核心特征，也可以聚焦在事物状态或不同事物间的差异上，比如地上的蚂蚁有哪些在动、哪些没动？这块石头和那块石头有哪些不同？针对观察的结果，我们可以让孩子做简单的绘画记录，从而帮助他重新回顾和梳理自己观察的过程，强化他对这一行动的感受和认知。

几种常见的观察方法

按照一定顺序观察事物，这是最容易操作的观察方法，却不是唯一的方法。除此之外，以下方法也可以让孩子多多尝试，从不同角度来训练孩子的观察力。

对比观察法

类似于游戏中的"大家来找碴儿"。在日常生活中对相似的事物进行比较观察，更有利于锻炼孩子的耐心与细节观察力。两片叶子、两幅画、两个人物等，都是很好的观察素材。

重点观察法

从幼儿时期的"散点"观察更进一步，便是有重点的"焦点"观察。引导孩子找到画面重心，然后围绕该重心找到与之相关联的事物，这就使得观察具有了一定的"逻辑性"。

反复观察法

对于某一动作或某一系列动作可让孩子反复进行观察，这种方法其实在孩子学习广播操或某项运动的时候比较常见。它可以促使孩子大脑皮层形成暂时性的联系，逐步使孩子实现动作上的连贯一致。反复观察能让孩子对事物产生整体的认知，并使其掌握复杂事物的各个细节。

多元观察法

"多元"指的是"多角度"，这个方法可以用于静态或动态事物的观察。比如观察蚂蚁搬家，可以从蚂蚁的数量、搬运动作、搬运物品、行进速度、行进方向等多个角度展开观察。这一过程还有利于提升孩子的分析与思考能力。

"冥想观察"提高专注度

"观察"和"看",前者带有一定的目的性,需要用到科学的方法;而后者更为随意。最简单、最基础的"观察",实际上就是"集中注意力地看"。因此,具备在一定时间内专注于某个事物的能力是非常关键的。

从理论上讲,学龄前的孩子维持注意力的时间一般为10~15分钟,小学生为25~30分钟。但在实际生活中我们会发现,孩子往往连3分钟都很难安静下来,除非他们在做一些自己特别喜欢的活动,比如看动画片、搭乐高等。

由此可知,当观察的事物和对象符合孩子的兴趣时,他专注于其中的时间才会比较长。但实际上,我们并不是总能找到可以引发孩子持续兴趣的观察对象。而相比观察时长,更值得家长关注的是观察的"强度",也就是短时间内注意力高度集中的程度,因为它关系到孩子对自己意识和思维的掌控程度。

要知道,注意力是很容易被"带偏"的东西。或许孩子原本在聚精会神地观察某朵鲜花,但只要偶然飘下一片树叶、不知道哪里发出一点声音,这个观察过程就会被打断。同样,更大一点的孩子在课堂上也会出现这样的"分心"状态:原本在专注地看着黑板,却不知不觉地被窗外拍球的声音吸引了过去。

要想加大观察的强度,从观察中锻炼专注,让观察带给孩子更高阶的收获,一个行之有效的办法就是练习儿童冥想。

"冥想"是一种精神练习法,是指在相对安静的环境下,通过思维的引导来感受身心、训练专注力。这原本是古印度瑜伽习练及佛教禅宗的修行方法，如今已成为被现代科学证实了的"健心"新方式。哈佛大学一系列关于冥想的研究证实：长期进行冥想练习能滋养大脑中与认知力、记忆力、同理心相关的区域，可以让人更自由地集中或放松自己的意识。

让孩子安静地坐下来，专心致志地观察一种事物，这正是儿童冥想的重要形式之一。有一次，我从小区草地上随意捡了一块石头带回家，让孩子找一个安静的角落坐下来观察这块石头。在这个过程中，我在一旁以简单的语言来引导，提示她注意这块石头是什么颜色、什么纹路，有哪些特别的地方，拿在手里是怎样的感觉。我让她看的时候尽量不说话，只是静静地看。

看了两三分钟后，孩子开始描述：石头上有青黄色的苔藓，整体是灰白色的，看上去很粗糙，表面有一些小小的气孔，拿在手里有点凉……

虽然这次的观察很简单，时间也很短，但强度却不小。因为在这3分钟的时间里，孩子要尽量避免做大的动作，比如站起来或者身体扭来扭去，同时也不能说话。她的心思是完全聚焦在石头上的。而当她被"允许"说话的时候，她能够流畅、完整地回想起观察到的细节，从而显现出专注观察之后的成效。

与之相类似，我们还可以利用身边的环境，带孩子展开一次更大范围的"冥想观察"。借用前文所谈到的"划圈子"原则，我们可以在小花园里找一个有花草、有小鸟、有小虫子的角落，让孩子选择一个姿势，蹲着、站着、坐着都可以，然后不说话，静静地观察这片小小的区域。时长可以从一开始的3分钟，逐渐延长到5分钟甚至更久。

在观察的过程中，家长扮演的是"画外音"的角色，也就是用一些简洁的短语、问句来提示孩子，从不同角度、按不同顺序展开观察。特别需要注意的是，在短时间、高强度的"冥想观察"中，尽量让孩子打开五感：通过纳入其他感官的知觉，来强化观察的细节，同时提升以"看"为核心的整体感受力。

捷克著名教育家夸美纽斯在《大教学论》中就非常提倡"感官教学法"：在孩子面对某种事物时，引导其调动自身的多种感官，分别与事物产生接触——先看，再听，再触摸，或者几种感官同时发挥作用，利用这种方式来获得对事物的熟识和健全的判断。[1]

比如，观察花丛中的蜜蜂时，我们可以让孩子捕捉蜜蜂飞动时的声音（听觉），并尝试着联想：生活中还有什么事物会发出类似的嗡嗡声？与此同时，还可以注意花朵的香气（嗅觉），用手指轻轻碰触花心（触觉），这样一来，不同的感官在同一个场景下就获得了集中的训练，以视觉为中心，其他感觉也会由此变得更加敏锐。

总体而言，"冥想观察"的目的，是让孩子沉浸在短时间、高强度的观察过程中，提高专注度，锤炼感受力。由于时间短，孩子不会"不耐烦"或者"坐不住"，操作起来也会更容易。而随着练习次数的增多，孩子观察的时长也会自然增加，这表明孩子的观察能力正在提升。

---

[1] ［捷］约翰·阿莫斯·夸美纽斯著，刘富利、赵雪莉译：《万千教育·大教学论》（评注版），中国轻工业出版社，2018年版。

在孩子进行观察时,家长应如何"旁观"?

1. 观察孩子的状态

如果孩子自己找到了观察目标且已经开始观察,我们便无须打扰或要求他做出改变。如果孩子漫无目的地寻找观察对象,注意力不集中,我们可以提示他先关注某个事物,再按照一定顺序扩展开。

2. 给予观察提示

常见的提示语有:

(1)外形:这是什么形状?什么颜色?什么花纹?

(2)行动/作用:它有什么作用?它在做什么?它具体是怎么做的?

(3)状态:它会发出气味、声音吗?它会动吗?

(4)感受:你喜不喜欢它?它给你怎样的感觉?它让你想到了什么?

(5)猜测:如果碰一下会怎样?如果温度降低会怎样?

3. 给予鼓励,引发思考

比如对孩子观察到的某种特征表示认可,而假装自己并没有发现;或是在提示性问题后,对孩子的回答表示赞同。在观察结束时可以设计后续问题,和孩子一起通过查资料的方式来找到答案。

观察与逻辑思维

我们观察到的事物，往往是可感可触的，是具象的；但观察所引发的联想、感受与思考，却是看不见、摸不着的，是抽象的。抽象思维能力，正是我们平时所说的"逻辑思维"。"观察"就像一座桥梁，把具象的大千世界和抽象的逻辑思维能力连接到一起。因此，训练孩子的观察力，也是在强化他们的逻辑思维能力。

比较、分析、判断、推理、概括，这些在学习中常常会用到的思维方式，都属于逻辑思维。与观察力密切相关的逻辑思维包括观察分类、观察规律、观察因果关系等。

观察分类：所谓物以类聚、人以群分，"分类"的标准就在于"特征"。通过观察来把握事物特征，找到共同点，进而完成分类，这是低龄孩子都可以做的观察练习。这里需要注意的是，对于同一批事物，家长可以提示孩子按照不同的特征来分类，由此得到的结果也是不一样的。比如苹果、香蕉、西瓜、柠檬、葡萄等，按照颜色来分，可以分成红、黄、绿；按照形状来分，可以分成圆的和不圆的；还可以按照大小来分；等等。不同的观察角度导向不同的分类，这能帮助孩子从小养成多维度思考的习惯。

观察规律：这是我们非常熟悉的训练方式，它经常出现在各种各样的数学题中。这类练习实际上就是让孩子找到事物变化的规则，然后运用规则去推断其接下来的变化。这一过程对观察的要求是：既要关注到部分，还要关注到整体，继而将部分和整体联系起来思考。比如下图：

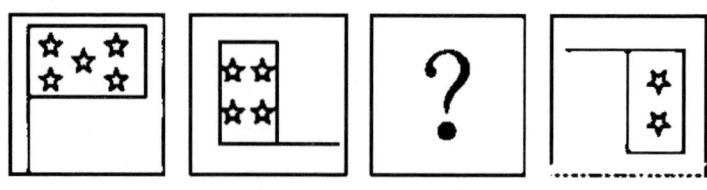

图1.1

观察这组图形,空白处应该填入什么图案?孩子要解答这道题,首先需要观察这四个方框的不同情形,注意到旗子的方向及旗子上面五角星的数量。如果我们把思维路径拉长来看,其实就是在每一张图旁边写下它的特征:旗子朝下,旗子朝右……五颗星,四颗星……然后再进行比较,继而得出规律:旗子方向逆时针旋转,五角星数量递减。如果只观察一张图,或者只是来回漫无目的地浏览这一组图,就很难快速找出规律。

观察因果关系:客观世界中的事物常常处于不断的变化和运动中,A事物的活动会对哪些事物产生影响?产生了怎样的影响?B事物的状态受到了哪些事物的影响?这些都涉及因果关系。通过观察来发现和确认因果关系,可能很简单,比如风吹树动,日出天亮;也可能很复杂,比如水壶把手上有凹凸不平的花纹是为了增大摩擦力,让把手不易滑落;刚出锅的汤看上去没有热气,是因为汤面上的浮油阻挡了热量散失。对因果关系的观察往往需要和实际的体验联系在一起,让视觉和触觉、听觉等其他感觉相联系,由此做出综合性的分析。

到了逻辑思维这个层面,观察就成了学习新知识、获取新体验的起点。所有的分析判断、概括推理都需要建立在观察的基础上。

就以上提到的这三方面逻辑观察而言，我们的生活中充满了大量可供观察的现象，就是一个现成的大"题库"。人与人之间的语言交流、表情变化，一件事情与另一件事情之间的联系，大自然的无穷变化，身边环境中的各种物理现象……都是引导孩子观察的良好素材。

当开启观察这一行为时，我们会经历最初的"搜集信息和细节"阶段，尽可能用眼睛"捕捉"丰富的信息；与此同时进入"感受力激发"的阶段，让其他感官参与观察，从而带来更完整、更立体的信息；最后是"逻辑思维构建"的阶段，透过现象来思考本质，让"现象"背后的规律、原因浮出水面。

不同年龄的孩子对参与观察的不同阶段，其兴趣是不一样的，家长不必过于强求。如果年龄较小的孩子更愿意去观察丰富多彩的事物和现象，那"找到核心特征"就是最重要的任务，继而可以扩展到比较异同、分类等；而对于大孩子来说，他们可能有了进一步探究的欲望，那就可以水到渠成地引导他们通过观察现象来思考事物之间的联系。

"观察力+×××力"：有哪些家庭小游戏？

观察本身需要借助注意力，但与此同时，观察与表达力、记忆力的强化也密不可分。一些简单有趣的家庭小游戏就可以帮助我们多管齐下，从观察出发训练孩子的多种能力。

观察力+记忆力

和孩子一起选择家里的某个空间，比如客厅、卧室、厨房等，以扫描的方式用眼睛环顾空间内的物品；观察完毕后离开该空间，一边在脑中回忆，一边以口述／绘画方式描述／描绘出来。谁说得最多、最细致，谁就胜出。

观察力+表达力

选择家庭的某处空间，让孩子观察空间内的物品，并选定一个物品进行口头描述，但不说出该物品的名称，由另一人来猜测这是哪种物品。

观察力+模仿力

家长随意提出某个事物或场景，让孩子进行模仿。一定要选择孩子平时常接触且有一定印象的事物或场景，比如小猫睡觉的姿势、爸爸发怒时的表情、用筷子夹汤圆的动作、不小心碰到了很烫的东西时……

观察力+想象力

让孩子搜集家中的小物品，比如一块橡皮、一根头绳等，然后以这个事物为基础，发挥想象，画出一个全新的物品或场景。比如：以一片树叶作为裙子，添上几笔变成一个穿裙子的小姑娘；以一根头绳作为池塘的轮廓，在其中画出游动的小鱼……

想象："故事"比你想的更有用

"我要听故事！"

对于学龄前的孩子来说，这几乎已经成为一句宣言。无论何时何地、面对怎样的孩子，只要你问一句"要不要听故事？"，得到的回答总是出奇地一致："要听！"事实上，以色列历史学家尤瓦尔·赫拉利在《人类简史》中就曾旗帜鲜明地宣称：智人之所以比其他动物更高级，正在于我们有"创造虚构故事的能力""整个动物界从古至今，最重要也最具破坏性的力量，就是这群四处游荡、讲着故事的智人"。

智人代表人类的童年，而孩子就是我们每个个体的童年，"童年"阶段的我们总是沉浸在对"故事"的渴求中。只是，当我们似乎是约定俗成地给孩子讲故事、买绘本，并且习惯地把"睡前故事"当作亲子互动的重要方式时，你是否意识到，"故事"对于孩子的意义其实超乎你的想象。

天生的"故事大王"

什么是"故事"？故事就是一件事。它可以被浓缩为很简单的一句话，比如"哆啦A梦用各种未来神器帮助大雄开心长大"；也可以被铺陈成一本大部头著作，汪洋恣肆、复杂烧脑，比如有些长篇小说。但说到底，故事就是有开头、有发展、有结尾的这么一件事。故事是孩子天生就具有的一种思维和认知方式。

我们可以回想一下，当孩子还不会说话时，家里忽然有了什么响动或者来了什么人，孩子就会明显地把注意力转向那边。孩子关注的就是这种"变化"，而"变化"正是故事的核心。树叶落下来了，一辆车开过去了，下雨了，打雷了——这些在孩子眼里都是变化，有被编织成故事的可能。每一种编织，就是一种解释。孩子就是通过这样的解释来理解生活和世界的。

故事通常是虚构的，但对2~7岁的孩子来说，这并不是什么问题，因为他们还没到去计较"这是真的吗"的时候。处于这个阶段的孩子受认知和记忆能力的发育所限，往往分不清现实和想象，容易把想象中的事或自己希望发生的事当成已经发生的。

有一次，我女儿气急败坏地问她爸爸："爸爸，你为什么把我的面包吃掉了？"爸爸一头雾水："什么面包？面包在哪儿？"我女儿很认真地回答："被你吃掉了呀！"

看上去这只是一次搞笑的"死循环"问答，但对于当时只有4岁的孩子来说，"吃面包"这件事或许就是真实发生的，哪怕只发生在她的脑海里。

孩子的大脑，包括思绪和情感，无时无刻不在想象与真实的世界中穿梭。虚构的故事在他们看来本就是现实的一部分，是他们每天都在享受、在创造的东西。而孩子们之所以会对虚构的故事抱有浓厚的兴趣，不仅是因为这本身就是他们的"思维方式"，更因为虚构的事物一般都是他们未知的、未曾经历过的，对此他们充满好奇。

关注"变化"、追求"结果"，这是非常典型的"故事思维"，它符合孩子的天性，也是他们最初理解世界的方式；而虚构的故事因为事实上的不存在，所以更能吊人胃口，让人浮想联翩，刺激我们把"没有实现"的部分"脑补"完整，这就是想象力的萌发。

无边无际的想象——通往故事

想象力是指在脑海中描绘图像、声音等五感的能力，它的存在能让人超越现实的空间，在新的空间里实现"身临其境"；通过不断丰富想象的细节，我们甚至可以借由想象力来"预见"未来，实现前所未有的创新。

科学研究发现，想象力主要产生于大脑外层，属于人类最高级的思维之一。它并非无中生有，常常是由某种现实事物引发出来的。比如，遇到电闪雷鸣的天气，便想象是天神在施法术；看到大海壮阔无边，便幻想海底有一个神奇的王国。你发现了吗？不管是厉害的天神还是神奇的海底王国，其实都是"故事"的一部分元素。

故事与想象力从来都是密不可分的，故事首先是想象力萌发的直接结果。当孩子望着天空中的云朵发呆时，他会想象一朵云像一匹马，另一朵云像一座城堡，但他的脑力活动并不会停在这里。

他会在想象中让马和城堡发生关联：随着一阵风吹来，马冲进了城堡；或者，一个王子骑着马来到城堡，他正要去拜访心爱的公主……也就是说，当想象力萌发后，它会去寻找一个落脚点，这个落脚点往往就是故事。

与此同时，故事也促使想象不断扩展。有了不同的角色，有了场景和情节，还应该有对话吧？这时候在孩子的脑海里，无声的云朵开始有了声响，有了情绪，互相之间发生了碰撞……想象就这样一点点扩展开来，从而将故事一点点丰富完善。

从"听故事"到"讲故事"，从"理解故事"到"创作故事"，围绕着故事展开的过程可以训练一系列的能力，而最核心的就是想象力。实际上，在学会创作之前，孩子理解故事时首先就需要运用想象力。

绘本上的一团色彩、一些无意义的符号，哪怕与主线情节无关，在孩子眼里也都是具体的，包含了无限的可能。有时候，家长在讲绘本的过程中，会发现孩子并没有关注画面或故事的主要人物，而是把注意力放在了不起眼的配角或仅仅是烘托氛围的画面物象上。孩子会兴致勃勃地指出这个色块是一个笑脸，那个刺猬正在打瞌睡……

千万不要以为这是孩子"走神"了，此时此刻，他们的想象力正自由地伸展，他们的认知也正在经历重要的变化：他们的思维总是倾向于把相对"陌生""无意义"的事物加工成自己熟悉的事物，比如把一个长方形加三角形的组合图案看作一幢大楼，把一个圆形加三角形的图案看作一个有着大脑袋的可爱小孩……这种从陌生到熟悉、从无意义到有意义的过程,正是大脑加工、重构的过程,也是学习知识的过程。

总结一下,想象力与故事之间的关系远比你以为的更复杂、更密切。故事是想象力萌发的结果,也是促使想象力不断扩展和丰富的动力;反过来,想象力也是孩子理解故事的钥匙。通过这种运用和理解的过程,孩子不仅强化了自己的想象力,更因此而开始了自主的学习。

故事应该怎么"玩"

由于孩子天生对故事有着浓厚的兴趣,且故事本身对于激发孩子的想象力有重要作用,因此用故事来作为强化孩子想象与表达的起点,再合适不过了。那么,故事应该怎么讲?是不是一字一句念出来,或者最多加上一些表情、动作就够了?

对于故事,我们是否还有一些有趣的"玩法"?

首先,我们要意识到,"讲故事"这件事不是只发生在"父母手捧一本书,孩子坐在旁边听"的情况下,而是只要我们愿意,随时随地都可以开始一个故事。这种随意而生的故事正是世界上大部分传说、诗歌产生的源泉。

带孩子等车的时候,排队感到无聊的时候,在屋檐下躲雨的时候……太多细碎的时刻都非常有利于我们用故事开启一段小小的亲子互动。做法也很简单,"三句话"就行,比如:

第一句:有一只小狐狸正在路上走,突然摔了一跤。

第二句：小狐狸爬起来一看，原来是一只慢吞吞的小乌龟挡住了他的路。

第三句：小乌龟赶紧给小狐狸道了歉，他们一起开开心心地回家了。

"三句话故事"看上去平平无奇，其实已经包含了故事最重要的元素，也是最吸引孩子的元素——变化。故事的变化处，就是情节的转折处，它不但可以迅速引发孩子的关注，还能促使孩子进行前后的联想：为什么会发生这种变化？变化之后出现了什么结果？

"三句话故事"的好处是足够简单，年纪小的孩子也很容易把握故事的脉络，体会其中的因果关系等，为以后理解更复杂的故事甚至自己讲故事打下基础。

作家余华曾在一篇文章里谈起自己小时候的经历：在那个特殊的历史时期，大量的图书被销毁，还有一部分图书被转入地下偷偷传播。他和小伙伴们千辛万苦弄到的书，往往都是残缺不全的。缺了开头和中间都不要紧，缺了结局就真叫人郁闷了。

深夜躺在床上，余华翻来覆去睡不着，脑子里总想着那些"没完结"的故事。他索性开始给故事编结局。编了一个结局，觉得不满意，推翻重来，再编一个；一个故事的结局编完，再编下一个故事。在余华看来，或许就是这样看似"儿戏"的举动，给了他文学想象力的启蒙。

余华这种"不经意"的做法，其实正是故事最有趣的"玩法"之———改编或续写结局。结局，是故事的尾巴，看似微小却很重要。它是故事全部情节、情感最后集中的地方，也能体现出创作者的心思。为什么故事会有这样的结局？你是否认可或喜欢这个结局？根据故事中角色的性格特点，你认为这个结局合理吗？对于这些问题的思考正是高阶阅读策略的一部分，可以帮助孩子更深入地理解故事，完成对文本的"精读"。

正因为如此，这是一个可以让孩子从三四岁的语言启蒙阶段，到初中甚至高中阶段都能使用的方法。改编和续写结局，可以从一系列提问开始：

如果小红帽没有遇到猎人会怎样？

艾莎如果失去了魔法，她还能当女王吗？

如果所有的怪兽都消灭了，奥特曼会有什么新工作呢？

每一次改编，都自带一个无限开放的想象空间。没有标准，只需要能够自圆其说的情节，这对于训练孩子的逻辑思维也是一种极佳的方法。

从改编结局再往前走一步，就是改编故事。乍一听这是很高大上的功课，但实际上低龄孩子也可以照玩不误。最容易操作的方法就是亲子一起创作"同人故事"。"同人故事"就是借用现成作品中的部分情节或角色，自己新编一个故事。所谓"新编"，其实也可以从"模仿"开始：现成的角色、相似的情节，这相当于孩子的"脚手架"，让他可以一步步随着想象力往上攀爬。

我女儿在四五岁的时候很喜欢《白雪公主》《美女与野兽》的故事，她就把这两个作品中的数个人物揉捏在一起，自己编造出了一个故事。她把野兽换成了豹子，美女换成了白雪公主，让他们之间产生了互动。

这个年龄的孩子当然不可能理解故事冲突、起承转合之类的，也没必要特意给他们灌输这些概念。家长可以用一系列问题来引导孩子思考：在你的故事里，谁是主角？主角的敌人是谁，朋友是谁？他们是怎么遇到的？后来主角是怎么打败坏人的？在这个过程中，孩子可能会有自己的一些扩展。比如我女儿就在"公主"和"豹子"这两个主角之外，又设计了一个次要角色"好女巫"，用来帮助公主。

同人故事示例：豹子与公主（故事原型：《美女与野兽》《白雪公主》）

有一个王子被坏女巫施了魔法，脾气变得很差。（如同《美女与野兽》中被诅咒的王子。）

坏女巫把坏脾气的王子变成了一只豹子，然后给了王子一块蛋糕，蛋糕上插了100支巧克力蜡烛。坏女巫告诉王子，当最后一根蜡烛熄灭的时候，如果王子还没学会温柔地去爱别人，那他就只能永远是豹子了。（在《美女与野兽》中，玫瑰花就是这里的"蜡烛"。）

坏女巫觉得这样很好玩，但豹子却很伤心。

有一天，豹子在森林里遇到了从皇宫里逃出来的白雪公主。白雪公主一开始很怕豹子，躲在树后不敢出来。这时，在公主身后出现了一位善良的好女巫，好女巫告诉她豹子不是坏蛋，但公主还是不敢去和豹子说话。

就在这个时候,森林里突然冒出一些大眼睛。豹子看出来那些是狼。勇敢的豹子扑过去与狼搏斗,它嘴里叼了一块肉,想要把狼引开。聪明的好女巫把肉变成了一只活鸡。那些狼都争着去吃鸡,这样豹子和公主就借机逃掉了。

公主来到了豹子住的城堡,她不那么害怕豹子了。公主过生日的时候,豹子送给她一个蛋糕,还在上面插了一朵玫瑰花,公主非常感动。

后来有一次,豹子和公主去森林里散步时碰到一条毒蛇,豹子为救公主被蛇咬死了。公主哭得非常伤心,哭着哭着一滴眼泪从她的眼角掉了下来。而豹子死的时候,嘴是张开的,那滴眼泪刚好掉在豹子张开的嘴里。(在《美女与野兽》的结尾,公主亲吻了野兽;而在孩子的心里,眼泪掉进嘴里的场景已经足够亲密和美好。这个设想令人惊艳!)

只见豹子忽然飞到了半空中,手、脚和全身都变形了,最后豹子变成了一个非常好看的王子!巫术被打破了,王子和白雪公主好开心!

在这个新编的同人故事里,孩子充分利用了"原著人物和情节"这一"脚手架",又在其中加入了自己的想象与编排。而家长需要做的是引导孩子从开端、发展、高潮和结局一点点展开故事,然后帮孩子用文字或绘画的形式将故事记录下来,由此带来的成就感将成为孩子持续"创作"的最大动力。

故事的迷人之处正在于此:它让孩子的想象力"有的放矢",更推动孩子的想象力一步步走向丰富和成熟。

低龄娃的"高阶"玩法

对2~5岁的孩子来说,这个年龄段正是接触故事最集中的时期。但由于孩子的认知能力有限,有些家长会担心孩子"听过就算",吸收不到什么"营养"。这里,我介绍几个独家总结的高阶故事"玩法",家长不妨带着孩子尝试一下——你会发现,故事就像催化剂,"催化"的是孩子的想象力,最终能帮助他们自然、自主地成长。

1. 把孩子作为主人公编进故事

我刚开始给我女儿讲故事时,常常会把她作为主人公编进故事里;童话大王郑渊洁也以他的儿子为主角写了很多童话。这种做法会让孩子有强烈的代入感,觉得生活就是故事,故事就是生活,从而提高他们对生活的兴趣。

2. 多放音频故事

现在很多网络平台和手机软件上都有大量优秀的儿童故事,家长可以充分地加以运用。对于孩子而言,声音可以帮助他们专注于故事,如果有画面摆在眼前,他们肯定更关注画面。另外,声音是看不见、摸不着的,这就"逼"着孩子用大脑去勾勒画面,以训练自己的想象力。

3. 放任和鼓励孩子对着图画"自言自语"

孩子都喜欢自己涂涂画画,年龄小的孩子可能画得并不成形，只是一些没有章法的线条和形状。此时反而是激发他们想象力的最好时刻。家长不妨鼓励孩子描述一下自己画的东西，他们往往会从不成形的图案中"脑补"出故事来。这种"完形填空"的能力正是关于想象力和表达力的综合训练。

4. 用"分期"的方法讲长篇故事

哪怕是低龄的孩子，照样可以接受长篇故事，不要担心孩子消化不了。我给女儿讲的《匹诺曹》《绿野仙踪》等故事，都是相对完整的版本，并不是幼儿精简版，一般会分四五次讲完。这样做的好处就是每一次讲完都能留下悬念，让孩子对接下来的故事展开想象和猜测。由于有了前面情节的铺垫，孩子的想象也就有了出发点和动力。

独家分享：用故事来"过节"，更有仪式感

我们的生活中有很多节日，但现在节日本身的仪式感却在减弱。作为家长，我们很想让孩子了解各种节日的来龙去脉、精神内核，却又觉得"家长讲，孩子听"这一做法比较单调，因此，我们不妨引入一个很有趣的仪式：讲故事。

中秋节，我们就讲一个和团圆有关的故事；端午节，我们就编一个和吃粽子有关的故事。既可以创作"同人故事"，也可以完全原创。由于故事具有包罗万象的特性，

因此孩子可以把自己喜欢的、感兴趣的都装进故事里，家长同样可以把想要传达的节日要素放入故事里。

有一年元旦，我女儿在电视上看到中国北方在下雪，她那段时间正好迷上了《冰雪奇缘》，我就提议，以"冰雪"为主题编个故事来庆祝新年。这就首先确定了"下雪"是这个故事发生的外部环境，然后我再引导她设计主人公。她自己创造不出人物，就借用了《冰雪奇缘》里的艾莎公主这个角色。自己编的故事，就像亲手做的饭菜一样，会在我们脑海里留下很深的印象。通过创作和回顾这样的"节日故事"，孩子能感受到满满的仪式感。

表达：于细微处学"说话"

3岁的琴琴出生于一个普通家庭：父母常年在外工作，很少回家，且母亲性格内向、寡言少语。外公、外婆与孩子的互动则基本围绕着"再吃一点儿""快去睡觉""不要再玩了"之类的展开，由此导致琴琴在上幼儿园之前，语言发育相对迟缓，能听懂别人的指示，却不能或者不愿意表达自己的想法。

当她想吃某种东西的时候，她不会说："妈妈，我想吃苹果。"而是直接一指，说："吃！"当她不想做某件事时，她会拼命摇头，发出"不——不——"的声音，但并不会明确表述拒绝的原因。这种表现对牙牙学语的孩子来说是正常的，但对于一个3岁多的孩子来说就显得过于简单了。

这使得琴琴的父母开始反思：是不是我们与孩子的语言互动太少了？于是他们请了长假，回到家中全心全意陪伴孩子。每天除了带着她玩耍，他们还会找各种话题与她"刻意"进行交流，绞尽脑汁想出各种问题来提问，尽一切可能让孩子尽情地听、放心地说……

琴琴的变化是很惊人的：一个月之后，她不但变得很开朗，而且有了强烈的表达欲望。虽然她在述说完整的句子时还是断断续续，用词也不够准确，但表达的意愿一天比一天强。后来，孩子去了幼儿园，在度过相对艰难的适应期之后，她在语言表达方面有了飞速的提升，甚至能够落落大方地参加演讲活动了。

不爱说话：不愿还是不能

表达，是动物天生的技能和本能之一。不同种类的动物都可以通过各具特色的"表达方式"来寻求帮助、抒发感情、震慑敌人，但唯有在人类这里，"表达"超出了一般的生理性需求，而成为人与人之间沟通的桥梁。尤瓦尔·赫拉利在《人类简史》中也谈到，人类的认知革命起源于"讲故事的能力"，而这个能力的核心就是"表达"。

对于人类幼儿而言，"表达"这一行为几乎从出生起就开始了：花样繁多的哭声、哼哼声、眼神与小动作、身体的姿势，无一不在传达婴儿当时的需求和欲望。但当孩子渐渐长大，开始逐渐深入地掌握语言时，父母往往会发现孩子的"表达"反而变得没那么顺畅了，显得艰涩、断断续续甚至有些奇怪。从表达态度上看，孩子似乎也没那么积极了。

是孩子不愿意说话了吗？我们不妨先来看个小测试：

对号入座，看看你的孩子是否有以下现象？

1. 一问三不知，不爱回答家长的问题。

2. 回答大人的提问太简单，单个字词往外蹦，像挤牙膏似的。

3. 说话的时候很急迫，而且话语凌乱无序，让人很难理解。

4. 在跟除父母外的其他人说话时显得极其害羞、不自信，或者干脆不说话。

5. 有时会故意大声呼喊或发出一些没意义的音调。

6. 一个人独处时会絮絮叨叨说一些别人听不懂的话。

根据这些描述，我们可以将孩子在语言表达方面常见的现象划分为几种不同的类型。主要有：

被动表达型：总是处于被动回答问题的状态，而不愿意主动表达。回答时语言简单，缺乏连贯性（1、2、4）。

言不由衷型：很难说出心里真正想说出的话，表达情绪较迫切，但效果不太好（3、5）。

自娱自乐型：独处时爱自己念叨一些话语，但大多不能被其他人所理解（6）。

有的孩子可能在某种类型上表现特别突出，而有的孩子则可能兼具几种类型的特点。作为家长，我们首先要意识到：这些现象不是"毛病"，不是"缺陷"，甚至都不是"问题"，仅仅只是"现象"。就像我们头痛的时候，头痛只是表面"现象"，背后的原因才是需要我们去认识和解决的"问题"。

确立了这样的认知，我们就不会过于焦虑。实际上，根据发展心理学的观点,孩子语言表达能力的发展必然会经历一个非常复杂但循序渐进的过程,在这个过程中出现任何问题都是正常的。而家长需要做的,是给孩子留出经历"问题出现—自我调整—引导调整—问题消失"这样一个过程的时间。耐心和信念是我们陪伴孩子成长时最重要的东西。

调整好心态后,接下来我们需要分析这些现象背后的原因,并给予孩子更恰当的引导。由此,我们要面对的第一个问题就是:孩子不爱说话,是不能还是不愿?

有些家长可能会认为,我的孩子比较内向,就是不爱说话。比如琴琴的父母一开始就是这么认为的,从而选择了"顺其自然"。但其实,无论是什么性格的孩子,他们天生都是渴望表达的。从出生开始他们就被海量的信息所淹没,渴望做出积极的回应,但早期词汇的匮乏、表达方式的限制让他们无法做出充分的回应。这种语言与表达能力的不对等其实是给了孩子动力,让他们有充分的意愿去学习。

实际上,每个孩子的学习从出生那天就开始了。一开始他们是在本能驱动下学习各种生存技巧,比如吃喝拉撒,但很快他们就进入了主动学习和探索的阶段,最典型的表现就是学说话、学表达。从出生到开口发音,再到密集说话,在这个过程中,孩子经历了先观察—再尝试—最后才表达的阶段。

有理论认为,孩子可以"创造"自己的语言,也就是基于环境输入的信息去创造自己的语法和词语组合。但语言表达的终极本质是沟通:如果孩子"自创"的语言不能与外界环境及他人发生交互，沟通就不能实现。而如果沟通受阻，孩子的表达意愿就会受阻。这样一来，孩子的语言表达就从一开始的"不能"渐渐转化为"不愿"，又因为长期的"不愿"而强化了"不能"。

如何展开"有效"的对话

前面讲到琴琴在很短的时间内完成了语言表达的"逆袭"，那么，她的父母到底做对了什么？仅仅是陪伴和聊天吗？

我们在家庭范围内为孩子营造充分的语言环境是很有必要的。除了涉及日常生活的"闲聊"，促进语言能力更高效的做法就是和孩子展开"有效的对话"。家长可以从以下几个方面开始"行动"：

第一，营造表达的氛围

发展心理学认为，成人经常与儿童交谈对话，这实际上是创造了一个支持性的学习氛围，可以帮助儿童掌握语言的规律。比如一起读绘本时，家长可以就某一个问题发起讨论，这就是在暗示孩子：此时的"对话"需要"你一言我一语"地进行下去。同时，家长的做法也是一种示范，让孩子学会用恰当的方式提出问题、给出答案、命名事物、表达观点。

需要特别注意的是，无论是在共读绘本这样的"学习时刻"，还是在吃喝拉撒这样的"生活时刻"，有效的表达氛围应该是放松、鼓励和互动的。更为重要的是，家长千万不要抱有功利心态，因为孩子比你想象的更为小心谨慎，他们会敏感地察觉到你的

"急迫"心情,从而将其迅速转化为自身的压力。这种压力将成为孩子开口表达的最大阻力。

让交流和对话自然发生和延续,这是营造表达氛围的关键。吃早餐的时候、放学回家的路上、排队等公交车时、一起在小区玩的时候……这些都是激发孩子表达的"黄金时刻"。因为它们不是刻意"设置"的,也没有严苛的要求,所以可以让孩子"放下"警戒心,开始尝试表达。

第二,给予表达的提示

家长给予"提示",对于鼓励和引导孩子表达来说是不可或缺的。它不仅能给孩子以帮助,更能让他们安心,让他们感觉到:无论自己表达水平如何,都能获得支持。

在孩子发展语言能力的不同阶段,家长给予的"提示"和支持是各有侧重的。比如,在孩子初学说话时,家长往往会有这样的疑问:是否要用孩童的"语言"与他们对话?

语言心理学家把孩童习惯用的短小、简单、高音调、经常重复的句子称为"儿童指向性言语",也叫"母婴语言"。有研究表明,婴儿从出生开始到学龄期前后都会更关注相对天真、"夸张"的"儿童指向性语言",而不是大人之间的"平淡"语言。这有利于他们从语气、简单的词汇、肢体动作等方面进行模仿,学习表达。而随着孩子年龄的增长、语言能力的提升,他们的表达方式也会趋于成人化,因此家长完全不用担心。在孩童初学说话的时候,用孩童的"语言"给予他们指引,这是符合孩子身心发展规律的做法。

孩子在一岁半之后，通常会迎来一个"语言爆发期"，家长给予提示时也需要更有"技巧"一些。比如，家长可以针对事件的过程、感受、转折处、突发情况等来提问题，以此激发孩子的好奇心和表达欲望。

第三，训练表达的词汇

发展心理学认为，婴儿在18~24个月时进入"命名爆炸期"，就是他开始意识到所有事物都有名字，愿意用这些名字去称呼事物，从而使词汇量激增。此时，家长需要做的就是帮助孩子进行语言表达上的"聚焦"，主要包括两种做法：第一，对表达一定意义的重点词语进行"拓展复述"；第二，对意义相关（相似或相反）的词语做"对比复述"。

比如，当孩子说"这朵花好漂亮"时，你可以接一句："是啊，花儿好鲜艳啊！"（从漂亮到鲜艳，这就实现了词汇的拓展。）当孩子说"外面好黑啊，要下雨了"时，你可以说："等下完雨，天就亮了。"（这是最简单的对比复述，让意义相反的词语形成强化呈现。）

在不同词语的碰撞与交流中，孩子获得的不仅是词语数量的积累，更是词性、意义的扩展，以及对不同观察视角、不同思考方式的初步体会。

第四，强化表达的正向结果

当孩子较为完整地描述了一个物品或一件事情时，家长应及时给予正面的肯定，这一点相信很多家长都能做到。但当孩子不能完整描述或进行了一次错误表达时，我们应当怎么做？

正确的态度是：纠正但包容错误。常用的句式就是："说得好棒！但是……"接下来家长可以温和地指出孩子的错误之处，并亲身示范正确的说法。出现错误然后纠正错误，这是孩子学习新知最快捷的方式，当然，前提是家长不要因孩子的"错误"过分恼怒。

场景案例

孩子从幼儿园放学回家，妈妈往往会迫不及待地问："今天在幼儿园做了什么？"但是很遗憾，很多孩子可能都会回答："没做什么。"或者说："想不起来了。"

这是因为家长的问题太宽泛，孩子不知从何说起，从"不能"就转向了"不愿"，失去了说话的兴趣。此时妈妈切忌急躁地盘问："怎么会想不起来了呢？你是不是又不专心？"而应当顺着孩子，做多角度的表达启发。你可以像下面这样问：

妈妈今天中午吃了一只鸡腿，你今天中午吃了什么？（抛砖引玉）

我刚才看见你的同学小强拿着一只灯笼，你们做灯笼了呀？（启发回忆）

妈妈挺喜欢你们班张老师的，就是送你到门口那个，总是笑眯眯的……（此处可以故意说错老师的姓或别的信息，让孩子有机会纠正，进而参与话题）

另外，父母也可以多观察孩子的行动，比如如果学校教了新的诗歌或歌曲，孩子往往会不由自主地念或唱出来，此时家长就应当表示出极大的兴趣，让孩子产生分享的欲望。总之，家长想要和孩子交流时，不要强势提问，逼迫孩子回忆或回答，而应通过轻松的互动、启发，让孩子产生自主倾诉的意愿。

与孩子日常闲聊的20个有趣话题：

1. 如果你来当爸爸／妈妈，你最想带自己的孩子做什么？
2. 爸爸妈妈给你定的生活规矩，你最不喜欢哪一条？
3. 给自己起个昵称吧！
4. 我们交换一个秘密，你的秘密是什么？
5. 如果用三个词来形容爸爸／妈妈／朋友／老师……你会用哪三个？
6. 如果有一天回家后你发现家里没人，你会怎么做？
7. 你觉得动画片里哪个角色最好笑？
8. 别人抱你的时候，你有什么想法？
9. 你要是开一家店，你想卖点什么？
10. 如果可以晚一个小时睡觉，你想做点什么？
11. 你最想拥有什么魔法？
12. 家里所有的玩具中，你觉得哪个玩具最适合当反派角色？

13. 如果可以随便成为一种动物，你想变成什么？

14. 如果今天重来一次，你会改变哪些事情？

15. 你最害怕什么事情发生？

16. 天上掉下什么东西你最开心？

17. 假如你当老师，你想教别人什么？

18. 你喜欢春、夏、秋、冬哪个季节？

19. 如果地球一直是白天或黑夜，你觉得会怎样？

20. 把你喜欢做的事情排个序吧！

绘本推荐：让孩子自然而然地开口表达

《有个老婆婆吞了一只苍蝇》

看书名就很有趣对不对？这个绘本的讲述方式是"车轱辘式"的，用循环展开的故事来训练孩子讲故事的能力。"重复"是一种看似简单却有用的方式，让孩子得以在情节的重复中理清故事逻辑，学会讲一个属于自己的故事。

《好消息，坏消息》

每翻开一页，左页和右页分别有一张图，一个是好消息、一个是坏消息，让人一看就明白。书的价值在于让孩子"看图说话"，讲清楚好消息和坏消息分别是什么。故事的顺序、细节，对于故事的感受，就这样在叙述中被不知不觉地强化。

《妈妈，猜猜看》

这本书采用沉浸式体验孩子的视角，让孩子向大人提问，大人肯定是猜不出答案的，但孩子却在提问、设计谜语的过程中掌握了更丰富、更生动的词汇。

思辨：360°的思维体操

我女儿在寄宿学校上学，班里男生比较多。有一次她无意中提起很多同学都在玩的某款游戏，语气中满是羡慕。实际上，我们平时并没有严格控制孩子玩游戏，只是出于保护她眼睛的需要限制了一定的时间。但随着孩子年龄增长，她对游戏的"渴望"也在发生变化。我觉得，关于"玩游戏"这个话题，是时候和她好好讨论一番了。

于是我问她："那你想玩这个游戏吗？"她眼睛一亮，说："当然想啊！"我问为什么，她说："因为玩游戏通关以后会很有成就感！"我继续追问："那做一顿饭、完成一份工作也会有成就感，为什么大家都喜欢玩游戏？"她立刻说："那可不一样！游戏里有精彩的故事，还有美丽的画面，音乐也很好听，可有趣了！"我笑着说："不只这样，游戏还可以锻炼我们的协调能力、逻辑推理能力，游戏玩得好的孩子都很聪明呢！"

她似乎有点意外我会这么肯定游戏，而我又接着问道："那你有没有想过，为什么家长和老师都会限制孩子玩游戏呢？"她想了想说："因为玩游戏时间太长伤眼睛。"我点点头，又问道："那为什么我们玩游戏容易停不下来，总是会玩很长时间？"她摇摇头表示不知道。

我向她简单解释了游戏让人"上瘾"的机制，然后又问她："现在你觉得孩子该不该玩游戏？"她犹豫了一下，还是表示了肯定："我觉得可以玩，但我可以想办法让自己不上瘾。"我问："比如呢？"她回答："比如给自己规定打完一局或者两局就不玩了。"我又补充道："还可以通过转移注意力的方式来应对游戏的瘾，比如看自己喜欢的小说等。"

这段看似闲聊的对话，其实正是对孩子思辨能力的激发和引导：对于游戏的正面和负面作用，孩子需要做出"思考"；而对于"该不该玩游戏"的问题，则需要在辩证思考的基础上做出判断和分析，得出自己的结论。在信息极大丰富的互联网时代，具备思考、辨别、分析能力尤为重要：这不仅可以使我们避免思想混乱、人云亦云，还能促进独立人格与自主意识的形成与完善。

东方的"思辨"与西方的"批判性思考"

所谓"思辨"，包含思考和明辨，二者联系紧密。对于"上网课有哪些优点和缺点"这种开放式问题，我们需要从不同角度进行思考和比较，并提供有依据的事实；而对于"学校应该全部改为网上授课"这种绝对化的观点，我们则需要明辨是非，形成自己的判断。前者也就是我们常说的"事实"，后者则是"观点"——分清事实与观点，正是我们进行思辨的第一步。

思考和明辨，看上去似乎只涉及两个方面，但实际上"思辨力"的构建所需要的素质是多元的。翻阅中国古籍，我们可以在《礼记·中庸》中发现关于"思辨"的论述："博学之，审问之，慎思之，明辨之，笃行之。"这句话的意思是，我们要广泛深入地涉猎各种学问，同时要有的放矢地提问、请教；然后学会周到全面地思考，形成明确清晰的判断力；最后用学到的知识和思想来指导自己的行为实践。

其中，"慎思"和"明辨"排在了"博学"和"审问"的后面。因为我们进行思考与判断的前提，是要有充分的知识积累以及对这些知识的深入理解；有疑问的时候，我们则需要通过提问和求教的方式去获取来自师长或者其他方面的建议和信息。我们只有建立起属于自身的知识体系，并对此有了认知和理解，才能在此基础上完成思考和判断。

比如，为了保护环境，该不该禁止汽车上路？要对这个问题进行思考，并做出"该"还是"不该"的判断，首先我们要具备一定的化学知识：汽车排放的尾气中都有哪些什么成分，它们对大气环境的影响是什么？然后，我们还要具有一定的城市管理知识：所有城市居民都乘公交出行是否可行，在通行效率上会有怎样的变化？另外，还可能涉及经济学知识：如果私家车大量减少，汽车行业的发展会受到怎样的影响？

当然这是一个相对复杂的问题，涉及的学科知识比较多。但对每一个小问题的分析、拆解，都离不开"知识"这个前提，以及"多维度"的思考方式。

实际上，如果将中国古老教育理念中的"思辨"，与现代西方倡导的"批判性思考"进行对比，我们就会发现它们的精神实质有相通之处。"批判性思维"并不是简单的"否定、批评"，而是通过分析、比较、综合等思维形式，对他人或自己的观点、做法进行评价、质疑、矫正，在此基础上对事物的本质有更为准确和全面的认识。简单总结一下就是：对所有现成的思想、观点、做法都进行独立的思考，不偏听偏信，不人云亦云，尽量客观全面地去认识事物，从而做出理性的判断。

对于孩子的成长而言，培养思辨能力和批判性思维的习惯至少具有三个层面的价值：

第一，在学习层面上，思辨力可以帮助孩子理清知识的逻辑，通过层层深入、有条不紊地理解知识，让学习效果更扎实。比如对于"三角形内角和是180度"这一知识点（或定理），让孩子死记硬背就不如让他自己来求证：是否无论哪种类型的三角形其内角和都是180度？（可以测量几个不同的三角形。）是否一定是180度而不会是100度或者200度？（可以剪下三个角进行拼接观察。）通过这一系列的做法，孩子会进一步明确线条与角度之间的关系，而不是只被动接受书本上的知识。

第二，在行为层面上，思辨力有利于孩子心智的成长，让他们可以理性看待身边的行为和现象，最终做出适合自己或符合社会要求的选择。比如，"我们是否可以想说什么就说什么？"要回答这个问题并做出正确的行为，孩子需要考虑到不同的场景：如果事实非常重要，我们应该表达自己的观点；如果事实可能会伤害到别人，我们就要避免自己的话语刺激对方；无论什么情况下，都不要去诬陷别人；就算很生气，也不能讲脏话……

第三，在精神层面上，思辨力将促进孩子形成高阶思维的能力，从而对为人处世的各方面问题进行深入的哲学思考，塑造健康的身心。比如，对于"好与坏的标准是谁规定的？"这个问题，我们可以引导孩子从法律、道德、社会习惯等多个方面去思考，同时看到好与坏互相转化、互相影响的特点，进而逐步确立自己的是非观。

美国批判性思维运动的开拓者恩尼斯说，批判性思维是"为决定相信什么或做什么而进行的合理的、反省的思维"。实际上，批判性思维、思辨力的发展几乎贯穿孩子成长的全过程，也将对一个成年人的人生态度、人生抉择、生活方式产生重大影响。而对于这种思维方式的培养，更多的是在日常学习与生活中"润物细无声"地展开的。

"以问答问"，创造思辨空间

古希腊的一众思想家，包括柏拉图、亚里士多德等都强调，我们所看到的东西与事物本质之间有很大的区别，只有受过专门思维训练的人才能透过"虚假"表面看到事物的本质。

从这个意义上说，"提出问题"就意味着独立思考，探寻真相。作为家长，在鼓励孩子构建自身思辨力的过程中，我们要给予的重要支持就是"允许孩子提问"。这种"思维训练"的第一步，就是"提出问题"。苏格拉底认为，人类的一切知识都是从疑难问题中产生的。如果你的眼中没有了问题，一切事实与现象你都照单全收，那么你也就无法进步了。

这里的"允许"其实包含两层行为：一是耐心聆听，认真回应；二是包容孩子各种"无厘头"的胡思乱想和在你看来非常荒谬的问题。

"耐心"与"认真"看似简单，实际不容易做到，因为我们潜意识里总认为孩子的提问是随心所欲的，不用"认真"对待；但在孩子的世界里，他的问题都是真实存在的，而且对于他自己意义重大。因此，家长的"认真"对待能给予他很大的安全感，让他拥有足够的勇气去进行下一步的探索。那么，应该如何"认真"对待呢？我们在下文将会提到。

孩子的想法往往天马行空，不讲逻辑，也没有规则的制约，这使得他们的很多问题常常让人难以回答。比如，为什么太阳不会掉下来？为什么我们要分享东西给别人？不仅如此，在关于很多事情的态度、想法和感受上，孩子可能也会与成年人大相径庭。比如，他们可能会喜欢故事里的反派，可能会在下雨天出去踩水，这些都是我们常说的"孩子气"，却也是一种天真、好玩、充满求知欲与探索欲的"孩子气"，值得我们呵护和引导。

对于孩子的问题，我们不要阻止，也不要敷衍，而应给予正面支持。我推荐的方式是"以问答问"，这其实也是从苏格拉底那里学来的技巧，目的在于激发孩子自主思考，并且给孩子创造更多的思考空间。具体可以采用分类的方法来处理：

对于一般性的常识问题，我们可以在做出回答之后留一个悬念，给出拓展性提问。比如，"为什么到了春天人容易犯困？"常规的回答是："因为天气暖和了，身体的血液循环加快，供给脑部的血液和氧气减少，让人昏昏欲睡。"在这样的回答之后，我们还可以继续用"问题"提示孩子进一步思考："既然大脑的血液和氧气减少，人就容易犯困，那你想想，还有哪些场景会让人犯困？"这不但可以强化孩子对"大脑缺氧就会犯困"这个知识点的理解，还能促使他进行知识迁移，去发掘相似场景，从而理解答案，而不是死记答案。

对于想象类的问题，处理的难点在于：怎么把握孩子的天真想象与理性认知的平衡？经典绘本《肚子里有个火车站》用打比方的形式讲述了人体内部的消化器官和工作过程，对于低龄孩子而言特别通俗易懂。但也有家长问我，孩子在看了绘本以后，真的相信肚子里有个"火车站"该怎么办？

我的回答是，那就让他相信，因为这只是暂时的。就像对于"世上是不是真有圣诞老人"这个问题，孩子在不同时期会有不同的认知；而这种认知会随着孩子身心的发展、阅历的增加，从感性走向理性，从"自由的想象"走向"科学的理解"。

需要注意的是，这里的"理性"不是一成不变的理性，因为没有人能宣称自己掌握了全部的、永恒的真理，即使是科学也不能。因此，我们用"科学道理"来解释孩子的问题时，不妨保留一些空间。

比如"下雨时为什么会打雷、会有闪电？"中国神话里讲是因为"雷公电母"在操作，这样的画面富有感染力，还有故事性，在幼儿心中能激发无穷的想象；等孩子大一些后，我们可以告诉他这是不同电荷的碰撞引发的。那么，打雷、闪电是否还存在其他原因，是否还可能被别的因素引发？电荷碰撞还可能产生哪些天象？家长可以通过这些问题，为孩子的想象及其进一步的探索创造空间。

而对于没有标准答案的问题，也就是大家所谓的"哲学"问题，我们可以用"苏格拉底提问法"引导孩子思考。"苏格拉底提问法"是苏格拉底这位大学者独创的教学和论辩方法，通过连续提出问题，引导对方一步步深入思考，从而发现谬误、拓宽思路、获得启发，最终得出自己的结论。

有一次，我带女儿去公园玩时看到一些毛毛虫，她非常害怕，觉得毛毛虫就是坏的，应该被消灭。于是我问她："毛毛虫为什么是坏的？"她说："因为它们很可怕啊，有那么多毛刺！"我问："长得丑就是坏的吗？那这世上那么多长得不好看的人，都应该被消灭吗？"她想了想，又说："因为毛毛虫吃树叶，树叶就会枯萎掉，所以它们是坏的！"我又问："如果不吃树叶，毛毛虫就会饿死。毛毛虫就该死吗？"

她无言以对，沉默了一会儿。然后我又问她："毛毛虫长大后会变成什么？"她说："蝴蝶！"我问："那你觉得蝴蝶是好的吗？"她说："蝴蝶是好的，因为蝴蝶能帮花朵传播花粉。"我又问："那毛毛虫吃树叶，你觉得是坏的；等它变成蝴蝶了，又帮花朵，你觉得是好的。那它到底是好的还是坏的呢？"

这回女儿终于有所感悟，喃喃地说："不能说毛毛虫是坏的或者好的,它既有好的一面,也有坏的一面。"于是,我总结:"好坏没有绝对的标准,要看具体在什么情况下。"

培养孩子的思辨力,最重要的是为孩子创造思辨的空间:允许发问、"以问答问",都是身为家长的我们在有意识地创造空间,以让孩子自由地思考和探索。事实上,这样的方式正在越来越多的创新学校、创新课堂上被运用和实践。在这里,没有直接给到的、现成的答案,没有一锤定音的、绝对化的观点,孩子可以通过反复发问、解答来深入理解知识,由此一步步培养客观、全面的思辨能力。

三重"思"与"辨"

思维是人类所具有的高级认识活动,但它从来都不是单向的,也不是平面的,而是向多个维度展开的。因此,思辨力的培养与强化,就像是在进行一套360°的思维体操,是一种带有目的性的思维训练方式。

我们把"思辨"拆成"思"与"辨"来看,在孩子"思考"能力的培养上应特别关注三个方面:全面思考、正反思考、变化思考。

我们都知道,事物是普遍联系、发展变化和对立统一的。用通俗的话来讲,就是万事万物都是互相联系和互相影响的,比如人类的一些不当活动会破坏环境,导致动物数量减少,由此人类活动与动物数量之间就产生了联系。与此同时,事物本身并不是永恒不

"六问法"辨析事实

在信息爆炸的互联网时代,如何引导大一点的孩子对事实和观点进行思考辨析呢?家长可以尝试以下"六问法(6W)":

1. Who?(谁说的?)

说话的人是谁?是名人、权威专家、熟人还是身边的亲人……他的话重要吗?可信吗?

2. What?(说了什么?)

他说了什么?他说的是事实还是观点?事实是可以被证实的,是客观存在的;而观点是在表达情感、信念,每个人的观点可能都不一样。

3. Where?(在哪儿说的?)

他是在哪里说的?是公共场合还是私底下?

4. When?(什么时候说的?)

是事前、事中还是事后说的?一般事前说的最有可信度,事后说的有可能是在推卸责任。

5. Why?(为什么说这话?)

说话的人,说这话的目的是什么?他说的话有依据吗，有没有可能出于别的原因说这话？

6. How？（他怎么说的？）

他说这话的时候是开心、悲伤、气愤，还是平静？是口头说的，还是书面表达的？

利于提升儿童思辨力的哲学话题

建议年龄段：6~12岁

1. 钱有什么用？
2. 怎样才算是公平？
3. 为什么会有战争？
4. "孤独"一定会痛苦吗？
5. 人们为什么会有意见不同的时候？
6. 好与坏是怎么界定的？
7. 我们为什么要上学？
8. 自己受到伤害是否应该报复别人？
9. 外表漂亮很重要吗？
10. 我们该不该听话？

变的，而是每年每天，甚至每时每刻都在发生细微的变化。构成事物的不同方面看上去或许是矛盾的，但本质上却是相互依存的。比如有名的诗句"蝉噪林逾静，鸟鸣山更幽"：蝉的鸣叫和鸟儿的歌声，反而让山林显得更加幽静。

正是由于事物具有以上显著的特点，因此我们对事物和现象进行思考的时候就要从多个层面去展开，否则就可能失之偏颇，或者无法洞察事物的真相。

1. 全面思考

所谓"全面"，就是构成事物的方方面面。全面思考的具体做法就是把事物拆解开来，分成一个个要素来考虑；然后再整合起来了解其全貌和本质。否则，我们就会陷入"盲人摸象"的误区：总以为自己看到的部分就代表了整体。

在当下这个信息泛滥的时代，我们被各种新闻环绕，但无论是图片还是文字，呈现在我们面前的往往只是"部分真相"。比如，商场里有一个孩子在号啕大哭，他的母亲却不闻不问。旁观者纷纷指责家长太冷漠，殊不知这个"熊孩子"为了让大人买一个玩具，一直在撒泼打滚，母亲劝说无果，只好"冷"处理。再比如，地铁上一位老人没有座位，旁边占着位子的年轻人却闭着眼睛毫无反应，大家对年轻人一通批评。殊不知，这个小伙子已经连续多日加班，疲惫不堪，因此在座位上睡着了……像这样的例子还有很多。

针对上述现象，不只是孩子，很多成年人都做不到全面的思考和冷静的判断。那么在这种情况下，我们如何与孩子一起展开尽量全面的思考呢？有一个小技巧值得尝试，那就是扮演"记者"，换一种视角来看待事物。

要进行全面思考，就要得到全面的信息。我们不妨把自己想象成记者，在思考一件事情的时候列出需要了解的方面，包括：参与事件的每个人：孩子和母亲，年轻人和老人；事件发展的每个阶段：孩子哭闹前发生了什么？年轻人上地铁前是怎样的状态？影响事件的各种因素，比如舆论的导向等。然后按照所列出的各个方面搜集信息，最终做出尽量全面的判断。

2. 正反思考

孩子的思维往往都有单一化、极端化的倾向，喜欢简单粗暴地区分好人与坏人、开心与不开心、对与不对。实际上，从哲学认知的角度看，古代人类普遍的思维方式就是"二元论"：善与恶、对与错、美与丑、阴与阳，它们都是互相对立却又相互关联的。而按照对立统一的原则，事物的正反两面又不是非此即彼的，而是可能同时存在或者互相转化的。

比如，某个老师非常严厉，但对生病的孩子却非常温柔，有耐心；每天弹琴难免让人觉得枯燥、辛苦，但学会一首曲子、进行一场成功的表演后又很有成就感。作为家长，我们需要提示孩子：事物的正反特点同时存在或互相转化是有一定的前提条件的，也就是在什么情况下呈现某种特质，在什么情况下又呈现出另外一种特质。

老师的严厉常常体现在教导学生学习的时候，而老师的温柔则体现在学生生病的时候；弹琴的枯燥乏味出现在日复一日的练习中，而弹琴的乐趣和成就感则出现在练习取得进步或获得他人认可的那一刻。将"条件与特征"联系起来思考，是我们认知有所发展的重要一步。

3. 变化思考

这种思考倾向就是把万事万物都看作是不断变化的。我们听过的很多寓言和故事其实都包含了这个道理。比如大家都熟悉的《塞翁失马》这个故事，讲到一个老头丢了一匹马，没多久这匹马就带着一匹新的马跑回来了（坏事变好事）；老头的儿子骑马玩耍摔断了腿（好事变坏事），没想到却因此免了兵役，在乱世中保全了性命（坏事变好事）。

如果说"正反思考"体现了同一事物的两重特性，那么"变化思考"关注的就是一系列事件的前后变化。

对于这样的变化，孩子会感觉很惊奇并充满兴趣。此时家长需要引导孩子积极观察变化，并记录和体会变化的结果。比如让孩子亲手种一种植物，或是养一只小动物，体会其随着时间流逝而发生的形态上的变化。从孩子熟悉的动植物、自然环境、天气、食物等出发，让他们更真切地感受事物的"变化"这一特性。

在此基础上，孩子需要进一步理解世间万物都是变化的，包括人的心情、做法、态度，以及事情的展开过程，时刻都处于变化之中。因此，我们需要接受、适应、预见事物的变化。比如这次考试没有考好，那就争取下次考好一些；今天下雨没去成游乐场，等天晴了可以补上……我们要让孩子明白：不必为倒掉的牛奶伤心，也不要因为一次失败而看轻自己。

接下来再来看"辨","辨"主要是指在思考的基础上分辨事物的特质,最终做出更接近事物本质和真相的合理判断。一个独立的、客观的判断过程一般包括三个环节:质疑、求证、判断。

质疑:可以用前面提到的"六问法",质疑事实或观点。但"质疑"不是目的,我们提倡孩子质疑,实际上是提倡一种不轻信的态度,一种不被他人随意影响的能力。比如,有位同学告诉你某本书很难读,千万别读,那你要不要读?其实,你首先需要做的就是质疑:"真的这么难读吗?为什么同学会这么评价?"有了质疑的念头,你就不会马上接受任何某一说法或做法。接下来,你就要想办法去"求证"。

求证:怎么求证?第一,可以问问那个同学不好读的原因,看看是否有道理(了解同学得出此观点的论据,也就是理由);第二,多问几个读过这本书的同学,听听他们的意见(搜集更多信息);第三,自己翻一翻这本书,浏览一下目录和部分章节(亲身实践);最后做出自己的判断(读还是不读)。

判断:由此可见,孩子要做出判断时,至少需明白两点:第一,要根据自己的实际情况做出判断,就像我们小时候都读过的《小马过河》一样,不能盲目追随别人的行动和选择;第二,要意识到每个人的看法都可能不同,不同的看法和做法都有其道理,不能轻易否定。

一本书是不是好看,这是一个小判断;而做出一个小判断与做出大判断,其过程都是相似的。一个专业是否有前途?一份工作好不好?每一个独立而理性的选择背后,都是一次不盲目、不偏激的

"思辨"。我们通过反复辨析、对比、拆解、重构，最终用自己的生命体验去构建属于自己的独特认知，并用这种认知去丰富或改造世界——这就是思辨的价值。

亲子思辨小案例

话题：公交车上有乘客让宠物坐在座位上，你认为这种做法合不合理？

第一轮交流：提出问题

家长问：公交车上有乘客带着宠物，主人让宠物坐在座位上，这是否合理？

孩子答：这没什么问题啊！

家长提示：仔细想想，这可能有两种情况：一是车上原本很空，有很多座位；二是车上很拥挤，但主人已经有了一个座位。

孩子答：我觉得在以上两种情况下都可以。因为主人如果有了座位，就可以自己处理这个座位，要不要给宠物坐，是由主人来决定的。

第二轮交流：分析观点

家长问：有人认为，公交车是给人乘坐的，人都没有位置坐，凭什么让给宠物？那你怎么看？

孩子答：宠物主人已经买票了，就拥有这个座位了，就有权让自己宠物坐。

家长提示:"宠物不能坐座位"的观点背后,实际上是认为宠物比人低一等,无权拥有人能拥有的权利。那么你认为宠物与人平等吗?是否应该有座位?

孩子答:人和动物是平等的。但如果没有给宠物买票,就不应该让它有座位,如果买票了就可以。如果是主人给自己买了票,但主人把座位让给了宠物,我觉得也是合理的。

家长问:因此,你认为人和动物在公共场合享有的权利都是一样的,区别只在于有没有买票(获得这种权利)?

孩子答:对。

第三轮交流:思考复杂情况

家长问:如果是一位老人抱着宠物,有人给老人让座,但老人却让宠物坐,这是否合理?

孩子答:我觉得这不合理,因为对方是让给老人坐的,不是让给宠物的。

家长提示:如果老人非让宠物坐,你认为应该怎么办?

孩子答:老人要征得让座人的同意。

家长问:如果老人抱着的不是一只宠物,而是一个孩子,有人给老人让座,老人却让孩子坐,这是否合理?

孩子答:这应该没关系吧?

家长提示:如果是孩子就没关系,这是否说明你其实是把"人类的孩子"和"宠物"区别看待,认为前者更值得拥有某种权利?

孩子答：好像的确是这样……

总结这个案例：家长和孩子围绕一个话题的三轮交流，其实是在层层推进对话题的思考，从一般到特殊的情况都考虑到了。这场讨论通过将孩子熟悉的"让座"场景引申到人与动物的权利问题上，锻炼了孩子透过现象看本质的能力，同时也促使孩子从乘客、让座者、旁观者／社会等多个角度来思考问题。

第二章

通"情"：
培养受益终生的高情商

自我认知：贯穿一生的功课

在希腊圣地德尔斐神殿上有一句著名的箴言：认识你自己。由于这句话是刻在神殿上的，有人就把它看作是来自神的旨意；也有人说这是古希腊大学者苏格拉底的核心思想，因此也可以被看作是来自圣人的告诫。2000多年来，无数人瞻仰过这座神殿，站在这句话面前冥思苦想。

为什么要认识自己？要怎么认识自己？甚至，自己是谁？对于这些与"自我认知"有关的问题，古今中外的学者们一直在探索答案，而大部分普通人或许终其一生也没有好好想过。但实际上，我们在人生的各个阶段，都受到了"自我认知"的深刻影响。

过于自卑或自大的孩子、乖巧听话却不开心的学生、不知如何选专业的年轻人、已经为人父母的你和我，我们在生活中遇到的很多问题，究其本质都是因为不清楚自己的特点、能力、愿望，不认可自己的想法或行为，以至于一直处于纠结并为此焦虑的状态。

顾名思义，"自我认知"就是对自己的认识，包括对自己身体状况的了解，以及对自己的思维、情感、意志等心理活动的认识。我们只有建立了清晰、明确的自我认知，才能管理、引导和驱动自己，而不是一味地依靠别人；也只有我们深入、全面了解了自身的外在特点和内在想法，才能做出更适合自己的人生选择，更从容地面对人生路上的种种困境。

这是一个贯穿孩子成长期的重大课题，也是一个由外向内觉知、由"认识自己"到"应对外部世界"的漫长历程。它是孩子这一生最重要的功课之一，需要家长给予温柔的包容和有力的支持。

给自己一幅"自画像"

很多人有时会突然进入一种莫名其妙的、迷茫的状态，于是开始思考这些问题："我是谁？我在哪儿？我要干什么？"事实上，这几个问题也常常盘旋在婴幼儿的大脑中：在来到人世间的头几个月里，他们拼命想要弄清楚的不过就是这些事情——虽然他们并没有意识到。

他们的认知是从一片混沌中开启的。在这片混沌中最先发挥作用的是"本能"，饿了就哭，困了就睡；继而，从混沌中出现了逐渐清晰的视觉，视觉引领他们开始了对外界的观察和探索。这里的"外界"，也包括自己。

关于孩子自我认知的开启，心理学上有个著名的"红点"实验，正在带婴幼儿的家长不妨在家里来一次"日常版"的操作：在孩子鼻尖上点一个红点，然后把他放在镜子前，观察他的反应。你会发现，小于1岁或1岁半的孩子可能会去摸镜子里的红点；而1岁半到2岁的孩子会摸自己鼻子上的红点。

3岁以下的孩子，始终处于对自我的探索中。他们从观察镜子里的自己开始，到意识到真正的自己是在"镜子外"，往往是通过"触摸"这个动作来实现的。而一旦发现身体各个部位及感官的作用，幼儿就会倾向于多管齐下地去使用他们，以此帮助自己更准确地观察和认识世界。用嘴咬、用手扯、用脚踢，这些动作是他们在尝试将"自己"与外界连接起来。可以说，在幼儿还不能"认出"自己时，他们就已经开始"使用"自己了。

在这一阶段，家长的任务就是支持孩子多管齐下地进行观察，让孩子通过对外界事物的识别，转向对自身特征的识别。比如通过观察妈妈的鼻子、眼睛、耳朵，意识到自己也有鼻子、眼睛、耳朵；通过对家人行为和动作的模仿，形成自己的行为和动作。

一个针对身体的问答小游戏，可以帮助孩子强化对自己外表的认识：和孩子面对面，让孩子把手指放在自己的鼻尖上。父母快速说出一个身体部位的名词，孩子需要在自己身体上指出对应的地方。比如，父母说"眼睛"，孩子要快速指向自己的眼睛；父母说"肚子"，孩子则要快速指向肚子。

这个小游戏一方面有利于孩子提高对自己身体部位的熟悉度，另一方面还可以锻炼他的反应力。在快速反应的状态下，不管是大人和孩子都容易出错，这就产生了很大的乐趣，会吸引孩子反复尝试。

除此之外，对于2岁左右的孩子，也可以引入"情绪"这一认知对象。从辨识父母家人的情绪，到体会自己的情绪，这同样是一个从"外界"向"自我"的转换过程。我们可以把孩子有着各种表情的照片打印出来，与一些表情包图片混在一起，让孩子按照"开心""不开心""生气""难过"等标签来进行分类，由此实现其对几种基本情绪的明确辨别。

更进一步，我们还可以把各种表情图片与现实生活的场景结合起来呈现，让孩子对自己当下所处的情绪状态有更深切的感受。比如，当孩子生气时，家长可以抛出一张生气的表情图；当他开心大笑时，家长则拿出一张快乐的表情图，同时问问孩子："你现在是这样的吗？"这种方式可以让孩子迅速觉察到自己的情绪，并对此有明确的体会。

事实上，当孩子开始认知"情绪"时，他对自我的认知已经进入"心理"层面。心理学家把儿童的自我发展分成了不同阶段：生理自我、心理自我、社会自我，以及精神自我、职业自我等。

3～6岁的孩子通常会进入对"心理自我"的探索期。这一时期的显著标志就是"自主性"的萌发。你会听到孩子的话语里多了很多的"我要""我想""我知道"……也有很多家长抱怨，孩子越大越"不听话""不服管"了，这是因为这一阶段的孩子虽然还不清楚自己要做什么、该做什么，但已经希望能够自己做主了。

他们也许会拒绝家长帮忙穿衣服，而要求自己试一试；也许会坚持自己拿筷子吃面，哪怕总是塞不到嘴里。他们可能还会故意跟大人"唱反调"，越是不让他做什么，他越要做什么。即使大人已经怒气冲冲，他们好像也视而不见，反而笑嘻嘻的……

在"自己做主"（虽然会失败）、"唱反调"（激怒大人）的过程中，孩子将获得巨大的成就感，以及对自我的信任和依赖。

虽然这一点往往让家长感到沮丧，觉得孩子叛逆、不听话，但我们必须意识到，这正是孩子构建自我认知、探寻自我能力边界的必要尝试。

那么，对于孩子的这种让家长不太愉快的"自我探索"，我们应该如何应对？我的建议是做到以下两方面：

第一，抓大放小，最大程度地包容孩子。比如，在不赶时间的情况下，允许孩子自己吃饭、自己穿衣，或者帮忙处理家务。家长只需要在一旁看护，避免孩子有危险的举动，同时给予一些方法上的指导。

第二，建立规矩，适度"忽略"。我们都知道，孩子有时调皮捣蛋只是为了吸引大人关注，此时就需要先让他明白调皮的前提是遵守"规矩"。在一定的规矩范围内，家长不必过于在意，可以选择性地"忽略"孩子的举动，让自己和孩子都更放松。

从3岁起，孩子对自我的认知开始从外表深入内在的特质。他们对幼儿园同学、身边小伙伴的评价也开始出现一些新的侧重点，比如"他喜欢打人""她上课时总在讲话""他动不动就生气""她居然不认识自己的名字"之类的。这种对于"行为"的关注是孩子认知深化的体现。如果家长在孩子评价他人时不失时机地问一句"那你呢？"，这时家长往往会听到孩子的两种回答：要么是"我跟他不一样！我才不喜欢打人呢"，要么是"我也是啊，我也喜欢说话"。

对于自己喜欢什么、不喜欢什么，能做什么、不能做什么，这时候的孩子已经有了模糊的认知。为了促使孩子对自我进行更精准的探索和发现，我们不妨尝试以下两种小游戏：

第一种，"我演你猜"：孩子以肢体语言和一定的表情来表现自己做不同事情的场景，家长据此来猜测这是在做什么。

一开始，孩子会倾向于表演自己熟悉的场景，比如吃饭、做作业、搭积木等；而家长则可以帮助孩子一起设想比较难的"题目"，让孩子用较为夸张的方式表现一些特定的场景，比如"正在调皮时看到老师来了""上课时突然想上厕所""吃到一个非常酸的苹果"等。孩子要完成这一系列的表演任务，就需要努力回想，意识到自己在特定场景下的表情、动作，并体会当时的心态，从而展开一次生动的自我体察。

第二种，"我"字头分类：通过画画、涂鸦或者写字的形式／让孩子在纸上列出一系列事项、活动，按照"我能""我不能"／"我知道""我不知道"／"我喜欢""我不喜欢"来分类。当然这个分类还可以延展出其他项目，比如"我愿意""我不愿意"／"我接受""我不接受"等。这样做的主要目的是让孩子从最简单的分类出发，对自己做一次能力、意愿上的"盘点"，以此来初步了解自身的偏好、特长等。

到了小学阶段，孩子的"社会自我"开始萌芽，此时他们对自我的评价容易受到老师、同学的影响。这时我们会发现，如果孩子总是受到某科老师的表扬，他对这个学科的兴趣会明显大于其他学科。在我女儿上二年级的时候，她的老师有一次发短信告诉我，他觉得孩子对语言文字的敏感度很高，想象力也很丰富，是个

"语文小天才"。虽然这不是公开的表扬,但在我向她转述了老师的话后,她为此兴奋了很久,在之后的语文课堂上表现也特别积极。一旦取得了好成绩,她就会得意扬扬地宣称:"我可是语文小天才!"

在这一阶段,来自外界的鼓励和肯定会非常显著地影响孩子,让其进一步形成对自己的认可。除了老师和家长直接的话语肯定,同学们的评价、卷子上的分数也会成为孩子自我评价的重要依据。"不要太在意别人的看法"这一成人世界里的安慰用语,对这一阶段的孩子而言是无效的。此时的他们正是从"别人的看法"中来获得前行的动力,以及对自己的信心。

值得注意的是,当孩子将"获得夸奖"作为开心的事拿出来分享时,家长应该毫无保留地献上自己的赞同甚至羡慕,如:"妈妈一直觉得你很棒!""我小时候从没得到过老师这样的表扬!"家长应避免不屑一顾或者强行说教,避免像老一辈人那样说:"这有什么了不起?有本事你让老师天天表扬你!""你要继续加油啊,争取下次表现更好!"在表扬的时候,我们也要将关注点放在孩子的努力行为上,而不仅仅是结果上,如:"这幅画我知道你画了很久,也很用心,果然老师都觉得很棒!"

来自家长的有理有据的夸奖会强化孩子对自身特长、所取得成绩的理性认知,外界的认可还会进一步增强孩子的自我认同,这对孩子自信心的建立至关重要。

从最初的将"自我"与"外界"分离开、慢慢体会到自身的"存在感",到观察身体特征、建立情绪感知,再到体会性格差异,形成对自我能力、特长、意愿的认知,构建自信心,这延续10余年的自我探索将为孩子进入青春期以后的成长打下基础。当同龄人的影响力进一步增大,当学业与人生带来的课题变得越来越复杂时,一个有信心却不盲目、稳定却不顽固的自我将有助于孩子迎难而上,走出属于自己的路。

自问自答:我是谁?

这同样是一个帮助孩子进行自我认知的小活动。让孩子以"我是……"的句式开头,按照不同的分类标准"定位"自己,再给出相应的描述(该活动以口头或书面的方式进行都可以,较适合小学阶段以上的孩子)。

1. 外表

定位:我是好看的女孩 / 帅气的男孩 / 高大的武士 / 优雅的公主。

描述:我有两个小酒窝,眼睛大大的,头发长长的 / 我敢一个人走夜路,从不害怕各种虫子……

2. 人际关系

定位:我是爸爸的儿子 / 奶奶的孙女 / 班长的朋友。

描述:我和爸爸长得很像,但比爸爸瘦 / 我和班长都喜欢游泳,每周都要约着一起去运动……

3. 职业

定位：我是科学家 / 我是画家 / 我是消防员 / 我是商店老板。

描述：我最擅长稀奇古怪的发明 / 我喜欢画各种各样的人 / 我要开一家商店，专门卖好看的帽子……

4. 基于某种特点的想象

定位：我是一把剑 / 我是一只鸟 / 我是一头怪兽 / 我是一本书。

描述：我的正义感爆棚，要消灭所有坏人 / 我喜欢在天上飞来飞去，谁也无法阻挡我……

家长可以让孩子描述单项，也可以描述多项，然后整合起来一起分析。这就好比形成了一幅自画像，让孩子通过有趣而充满幻想的方式反思自己，更深入地认识自己。

以恰当的态度对待自我

一个有趣的现象是，孩子对自我的评价往往是从一连串形容词开始的，比如：我很"漂亮"，我很"勇敢"，我很"聪明"，我一点儿也不"笨"，我才不"胆小"呢，等等。这些词中有所谓的褒义词，也有贬义词，而孩子似乎从一开始就分得很清楚，虽然我们并没有刻意地去教他们。

这其实是因为孩子的"自我认知"——尤其是对自己优缺点的认识和评价——在很大程度上来自外界环境。即使是1岁多的孩子，当大人称赞他勇敢、可爱时，他也会知道这些都是在说他"好"，从而把勇敢、可爱看作是"优点"。但这样一来也会让他质疑：这些真的是"我的"优点吗？那些真的是"我的"缺点吗？

好几个孩子在公园里一起玩，他们骑着单车从台阶上冲下来，其中一个孩子却不敢，于是伙伴们都嘲笑他胆子小、技术差。这个孩子的第一反应是："我才不胆小呢！我的技术也不差！"但他还是不敢从台阶上冲下来，只是心里一直闷闷不乐。

在面对一些负面评价时，孩子最直接的反应往往是"否认"。实际上，拒绝承认自己拥有"负面"特质，这是一种自我保护机制，甚至是建立自信心的前提之一。但过度的自我保护会让孩子陷入虚假的"自我肯定"，从而变得非常脆弱，经不起打击。

在一些特别优秀的"别人家孩子"身上，我们往往会发现这种悖反：因为从小到大听到的都是赞美之词，孩子对自我的评价早已固化，以至于完全不能接受其他评价。在进入更高阶、更复杂的环境（比如大学、职场）、"不得不"接受自己某方面或某些时候"不行"的事实时，他们就会崩溃。

如何防止这样的认知"风险"？我建议家长从孩子3岁开始，就引导他们"全面客观"地认识自我：全面，就是既看到优点，也承认缺点；客观，就是不要只是"我觉得我怎样"，也要接受"别人认为我怎样"。

在"思辨力"一节中我们已经提到过，对事物的认知要全面,尽量从不同角度、从正反两方面去了解和把握信息,从而做出判断。对于自我的评价同样也是如此。

回到前面骑单车的例子中,那个被嘲笑为"胆小"的孩子气冲冲地向妈妈抱怨,妈妈却问:

"那你到底敢不敢骑车下台阶?"(确定事实。)

孩子说:"我现在还不敢……但我多练几次就可以了!"

妈妈笑着摸摸他的头:"那你就是现在有点胆小,但技术再熟练一点就不怕了,对吗?"(确认"负面"评价。)

孩子默默不语。妈妈又说:"胆小也没关系啊,我们每个人都有胆小的时候。妈妈还特别怕小虫子呢!"(削弱"负面"评价的负面意义。)

孩子表情放松了一些,说:"对啊,上次有只小甲虫掉在你裙子上了,还是我帮你弄掉的呢!"妈妈补充道:"是啊,你那时候很勇敢!"(给予"正面"评价。)

这段对话可以给到孩子三个信息:第一,对于来自外界的评价,我们可以先想想背后的原因;第二,人无完人,有缺点很正常;第三,负面评价并不是绝对的,而是会随着所处环境的变化或是随着人的成长而变化,甚至消失。

通过这样的引导,孩子会比较容易去反观自身的"缺点",逐渐将缺点看作是自己的一部分,而不再强烈排斥。看到这里,家长可能会有疑问:缺点毕竟是缺点,孩子需要改正,那我们应当如何让孩子正确对待缺点呢?

这就涉及了一个影响深远的成长课题:接纳与修正自我。接纳，不是表面、勉强地接受，而是发自内心地，是深度接受认可。对于成长中的儿童和青少年而言，对自我的"接纳"程度是关系到其一生身心健康的重要功课。

对于年龄较小的孩子来说，"接纳"主要包含两个层面：一是接纳别人对自己的负面评价，如上文中被认为是"胆小"的孩子，他就需要接受这一评价在当下暂时的合理性。为此，我们需要引导孩子分析评价背后的事实，同时意识到这些特质是可以被改变的。这样，孩子就会朝这个方向去努力，最终消除负面评价，也就是改正缺点。

而更容易被我们忽略的是第二个层面，即接纳别人对自己的正面评价。在这个层面上，很多孩子都走得"过了头"，因为过于渴望正面评价而去"迎合"，长此以往会变得言行不一、身心疲惫，甚至丧失自我，不敢有任何独立的思考与探索。

在一次夏令营活动中，我就发现有这样一个女生：她大概不到10岁，在老师面前，她总是带着温和的笑容，认真上课，认真讨论，认真完成各项任务；而一旦意识到老师没关注她，她就变得阴郁寡言。午间休息的时候，同学们都在吃各自带的小点心，只有她悄悄拿出一个苹果告诉老师，她愿意把苹果分享给大家——但她并没有直接把苹果拿给大家。很明显，她希望这次"分享"能带来老师对她的额外赞许。

这个女孩的一举一动、一言一行都是冲着表扬去的，但有多少是出自她的本意？她能意识到自己的本意是什么吗？

　　接纳别人的正面评价，同样要建立在对事实有所认知的基础上。当孩子拿出一块自己不喜欢吃的饼干分给小朋友时，大人可能会说："这孩子真大方，乐于分享！"为了迎合"乐于分享"这样的评价，孩子不得不持续表现出"乐于分享"的姿态，而忽视了其实有些东西他很喜欢但不愿意分享。这样一来，他刚刚建立的自我认知（喜不喜欢某样东西）就会被某种统一的评价（价值观）压制。在成人的世界里，这种只关注道德评价，而不顾及真实的需求和感受的做法，就是"道德绑架"。

　　而修正自我，必须建立在真实、坦诚的自我接纳的基础上。每一次修正，都会让孩子朝着更真实、更理想的那个"自我"更近一步。为此，家长要做的不是"道德绑架"，而是提醒孩子要发现自己的真实想法。比如：

　　你真的想跟别的小朋友分享玩具吗？

　　——是啊，我觉得一起玩儿比较开心！

　　——其实我更喜欢一个人玩玩具，不想别人打扰我。

　　你真的愿意主动帮助别人吗？

　　——能帮助别人解决困难，我觉得很有成就感。

　　——别人找到我的时候我愿意，但我不太好意思主动去帮助别人。

　　以上都是生活中真实出现过的回答，很明显，不同性格的孩子对于"修正"自我的愿望也不同。作为家长，尊重孩子的个性和选择，就是在强化孩子的自我意识，让他们对自己的行为有更独立自主的认知。

其实，我们对自我的认知从出生时就开始了，而且这会贯穿我们一生。在身体和思维变化剧烈的学龄期和青春期，这种自我认知也会经历剧烈的变化。孩子也许会发现自己像是变了一个人，而这是完全可能且十分正常的。

在3岁以前，孩子处于"生理自我"的探索阶段，知道"我"就是我，不是别人；但在3岁以后的"心理自我"及"社会自我"等阶段，家长需要介入孩子的探索过程，让他们更从容而有耐心地回答"我是谁"的问题，而不是急于给出一个答案。

上小学以后，孩子会在很大程度上受到同龄人的影响，会不由自主地给自己"贴标签"，比如，"我就是很害羞的人，一想到要在公共场合讲话就特别紧张""我喜欢热闹，一个人待着我会感觉非常无聊"。作为家长，我们一方面要肯定孩子对自我的认知，另一方面还要对此保持开放的态度。因此，我们可以告诉孩子，也许目前看来的确如此，但过段时间可能就不会这样了，从而鼓励他们试着跳出"自以为是"的区域，去尝试下"自以为非"的事情。

——你觉得自己"容易害羞"吗？但和小弟弟、小妹妹一起玩时你非常活泼开朗。

——你总说你体育不好，但是你游泳的速度比妈妈还快，很了不起了！

无论是家长还是孩子，都要在"自我认知"这件事上保持

"开放",允许有偏差、有变化。为此,我们还要特别注意自己在日常生活中的言辞,不要急着给孩子"下定义"。比如,当孩子和其他小朋友起争执时,家长说:"你脾气怎么这么差?"孩子做作业花了很长时间,家长抱怨:"你动作怎么这么慢?"

一个人的大的性格方向或许从小到大不会有很大改变,但在小的事情上,尤其在一些具有正向意义的事情上(比如变得更大方、更有同情心、更勇敢等),我们依然可以鼓励孩子去拓展天性,构建更好的自我。

这也就是我们需要带孩子参加丰富多彩的实践活动,获得更多元的体验的原因。这里所说的活动和体验不只是各类兴趣班、特长班,还包括生活中的各种尝试:交到一个朋友,写一首诗歌,观察某种动物,参加某项户外活动,读一本之前不怎么感兴趣的书……当"自我"还在摇摆的时候,最好的做法就是通过接地气的生活实践去发掘自己的新特点、新潜力,找到新的热爱,从而对自己建立新的认知。

以下列出了几种对认知自我比较有利的典型实践活动,可以多鼓励孩子参加;家长也可以通过观察孩子在这些活动中的表现来进一步了解孩子。

活动	读书	人际关系	运动
表现	喜欢什么样的人物?哪些内容最难忘/最反感?	更喜欢/不喜欢跟谁一起玩儿?是否愿意参与集体活动?通常在集体活动中扮演什么角色?	喜欢竞技类还是非竞技类,对抗类还是非对抗类?赢了或输了比赛会有怎样的表现?喜欢单打独斗还是与伙伴配合?

细数你的Top10

在心理咨询中有一种行之有效的自我分析方法，那就是按照不同名目罗列相关的事项，从中归纳概括出属于自己的特质。在日常生活中，这也可以成为亲子游戏的一种，以帮助孩子更深入地认知自我。

主题一：你最想见的10大人物（虚拟人物、童话人物都可以）

主题二：让你最开心的10件事

主题三：你最喜欢的10本书／10部动画片／10部电影

主题四：你最想实现的10大愿望

主题五：你最想改变的10件事／10个人

主题六：你最想拥有的10种超能力

主题七：你最想去的10个地方

共情：神奇而美好的"读心术"

在中国古代志怪小说中，我们常常能看到"精魂"迁移的故事：一个人的灵魂钻入另一个人体内，想他所想，感他所感，经历他所经历的一切。在西方的不少传说中也有种神奇的"读心术"，虽然不需要"钻"入对方体内，但也能知道对方在想什么、有什么感受。而在现代心理学看来，这样的"超能力"有一个更加科学的名词，叫作"共情能力"，或者"同理心"。

共情能力，就是一种能设身处地体验他人处境，从而感受和理解他人心情的能力。用一个成语来概括就是"感同身受"：别人的处境、经历，别人的感受、情绪，就好像发生在自己身上一样。

不同于具有奇幻色彩的"读心术"，有学者认为共情能力是一种人人都有的天赋。美国心理学家辛迪·戴尔在自己的著作中指出，人类可以通过观察来学习——仅仅是观察别人的活动，就仿佛自己也亲身体验了一样。比如婴儿看到父母吃东西，他的嘴也会不由自主地动起来；再大一点的孩子看到父母对人有礼貌，见人打招呼，他自己也会有样学样。在辛迪·戴尔看来，这与我们头脑里存在的"镜像神经元"有关，它们能够帮助人类通过模仿去学习和创造。而这种"模仿",正是一种最基础、最本能的共情能力。

既然共情能力是一种人皆有之的天赋,就不用刻意去培养了吧?而辛迪·戴尔认为,只有当我们尝试去"共情"时,共情能力才能发挥到最佳程度。也就是说,当有意识地让自己去共情时,我们才能最大程度地激发共情能力。这就好比我们专心去做某一件事时,往往更容易把事情做好。

和本书第一章提到的"观察"类似,"共情"是从一种天赋逐步转变为或者被强化为一种"能力"的。对于孩子而言,他们为什么需要这种能力?家长又该如何帮助孩子去认识、理解、运用、提升这一能力呢?

"共情能力"让成长更有幸福感

某班有个孩子,平时比较调皮,脾气也比较暴躁,同学们都不太喜欢她。有一次老师安排座位,让大家自己选同桌,没人愿意和这个调皮的孩子坐在一起。老师只好把她单独安排在教室的角落里。这时,班上另一个女生悄悄找到老师,表示愿意和那个孩子同桌。女生说:"我觉得她可能是太想和大家一起玩了,所以才那么急躁。如果让她一个人坐,她可能更郁闷,脾气会更坏。"

这个女生站在那个孩子的立场上想问题,将心比心,尝试理解对方的行为,这正是"共情"的典型表现。

时至今日,共情能力已经被看作社交能力的重要组成部分。有研究显示，共情能力强的儿童更倾向于表现出"亲社会"的行为，在面对他人的消极情绪时更能快速做出反应。因此，这类孩子在社会互动中通常会扮演"助人者""调解者"的角色，正如上文中的那个女孩一样。反之，共情能力较弱的孩子则很难与他人产生共鸣，可能会显得冷漠无情。

概括来说，拥有较强"共情"能力的孩子，更容易获得一些较为美好的生活"回馈"，比如他人的爱与认可、集体的友爱和接纳等。这些"回馈"或许并不具有功利的意义，却有利于孩子塑造健康、积极的心态，获得可贵的幸福感。

首先，"共情"使得孩子能够理解和宽容他人，不会动不动就生气、发火。若有人不小心把泥点弄到了孩子的裙子上，孩子对此的回应是："没关系，我知道你不是故意的。"这句"我知道你不是故意的"就是"共情"，第一时间产生的这种共情，会让孩子变得更加友善。

正因为如此，"共情"也能帮助孩子在身边营造一个友好的环境，令他时刻感受到充分的善意，而不会觉得孤单。需要注意的是，"共情"并不等同于"同情"：后者是一种可怜、怜悯的情绪，潜台词是"我可怜你，而我过得比你好"；"共情"却是"我懂你的感受，我充分地理解你"。共情实际上就是换位思考，是真正站在对方的角度去想问题、去理解对方的行为和反应，而我们也会因此获得别人的信任。

除此之外，对于性格比较孤僻或者胆小内向的孩子而言，"共情"还能帮助他们缓解社交焦虑和恐惧。我们的焦虑和恐惧往往源自"不可知"。当孩子对他人的情绪有了一定的理解和把握，知道这些情绪为何产生时，他就能做出相应的回应；同样，如果孩子能够意识到自己的行为会激发对方的何种反应，他就能提前对行为进行控制或调整，从而克服与人交往时"不知所措"的感觉。

"共情"作为一种能力，其启动和展开是有一定过程的，一般包括三个步骤：

第一步，识别。——是什么？

识别他人情绪，是共情的前提。有研究表明，学龄前儿童的共情正是来自对"自我／他人"情绪的区分，从而适当抑制自己的情绪。

从广义上来看，本书中提到的"共情"不只包括情绪，也包括与之相关联的想法、决定、精神状态等。比如，对方在说某句话时是不是诚实的？这就属于一种精神状态。稍大一点的孩子，已经能够辨别出"口是心非"的状态：当妈妈微笑着把好吃的让给孩子，说"妈妈不喜欢吃"的时候，孩子多半能够意识到她说的话不是真的。通过对这一状态的"识别"，孩子能与妈妈的关爱之心"共情"，从而体会到妈妈的爱。

第二步，理解。——为什么？

理解别人的想法、做法、情绪状态，这是"共情"的核心。其关键就是"换位思考"："如果我是对方，如果我处于对方的境地，我的反应是怎样的？"当孩子的自我意识萌芽之后，他们的种种行为都会围绕"我"而展开，也正因为如此，换位思考才显得非常重要。换位思考可以让孩子暂时放下"我",而化身为"他人",尝试站在他人的立场上考虑问题。关于这一点的练习方法,我会在后面讲到。

第三步,预见并做出反应。——怎么做?

"共情"往往会促成某种反应或行动。正如前文例子中的那个女生,选择和调皮的孩子做同桌就是她在共情之后采取的行动。一个大孩子带着小孩子去玩,小孩子不慎摔倒了,她自己还没反应过来,大孩子就已经伸手去拉她并开始哄她了,这就是共情激发的行动:因为大孩子知道摔倒以后会痛、会很难过,所以主动伸出援手去帮助并安慰小孩子。

由此可见,共情不是某种虚无缥缈的情绪,而是和切实的行动、生活中的实践联系在一起的。感受到对方的悲伤,给予抚慰;感受到对方的不满、生气,适当解释或回避;感受到别人的友善关怀,给予对方一样的回报……这些都是因共情而激发的善意行为。在这个过程中,我们要特别提醒孩子:无论共情之后你采取的行动是什么,这样的行动产生了怎样的结果、是否如你所愿,你都要学会去接受。

如果孩子看到朋友情绪低落,想要安慰又不知道该说什么好,那家长可以教孩子就只陪朋友聊聊天,或者安静地听对方抱怨几句即可。还可以拍拍朋友的肩膀,这也是一种支持。接受适时的结果,可以使孩子避免陷入无端的自责与内疚,同时让他们学会看到事情积极的一面。

"共情能力"有助于孩子从小建立良好的社交关系,学会爱与被爱，懂得换位思考、将心比心，从而更全面、客观地理解周围的人与事。每一次对别人共情并给予相应的帮助，都能反过来提升孩子的共情能力，让孩子的成长始终浸润在温厚、宽容的氛围中。

如何培养共情能力

也许我们会认为，有些孩子过于"敏感"：父母生气了，他们马上就能感觉到，哪怕只是父母的一个眼神；稍微受点委屈，眼泪就啪嗒啪嗒往下掉。需要注意的是，"敏感"并不是"共情"，共情更关注感受背后的东西，试图和对方达成更深的理解。要做到共情，就需要从更敏锐的"感受"练习开始，尤其对于天生不太"感性"的男孩而言，一定程度上的情感训练有助于他们在之后的学习和社交中懂分寸、知进退。

家长有意识地引导孩子阅读绘本就是一个非常好的训练感受与共情能力的途径。儿童绘本往往篇幅不长，有个性鲜明的角色，有相对集中的故事冲突，这些因素都有利于孩子转换角色和立场，从不同角度体会"换位思考"，从而唤起同理心。

比如，绘本"不一样的卡梅拉"之《我想去看海》描绘了一只对世界充满好奇和向往的小鸡卡梅拉，她不顾父母的反对偷偷溜到海边玩耍，结果经历了一连串的冒险。这个故事里有几处冲突，非常适合用来鼓励孩子"换位思考"：

在故事开头，卡梅拉一心想去看大海，父母却大惊失色地表示反对，认为海边对于小鸡来说太危险了；而在故事结尾，卡梅拉有了一个可爱的儿子，没想到这只小鸡也跟卡梅拉一样，对外面的世界充满向往，甚至想到天上去看星星。

通过这两处前后呼应的冲突，我们可以引导孩子分别站在"父母"和"孩子"的视角思考：父母为什么不希望孩子出远门？他们的担心有没有道理？孩子应不应该去探索世界？需要注意些什么？这些问题或许没有标准答案，但可以促使孩子暂时放下"我"的立场，学会从他人的角度看问题。

事实上，孩子在阅读绘本时非常容易代入"主角"的身份。而暂时脱离主角视野、代入其他角色来思考问题，正是激发共情的有效方式。除了通过故事冲突来换位思考，我们还可以通过为配角"加戏"的方式来做有趣的共情练习。

同样是在这个绘本中，卡梅拉流落到了一座小岛上，遇到了一只帅气的公鸡皮迪克。他俩一见如故，一起聊天，一起旅行，玩得非常开心。皮迪克和卡梅拉都觉得他们"从来没有这么快乐过"。读到这里，我们可以提示孩子代入"皮迪克"的角色，想一想：第一次遇到和自己志趣相投的朋友，他会是什么样的心情？他们在一起会玩些什么？聊些什么？他会不会邀请卡梅拉去他家？他会不会想去卡梅拉家？

在设想这些问题的答案时，我们还可以鼓励孩子通过对话和动作把自己设想的内容表演出来，在原来的故事之外再设计几个场景，或者为皮迪克增加几句台词，为他补充一些特长和爱好……

我们带领孩子做这些尝试时，就是在以绘本为基础，让孩子通过"角色扮演"的方式来训练共情能力。实际上，这种表演本身也可以看作是共情能力的展现:"演员"往往会通过"表演他人"来"理解他人",而通过进一步的理解又能更精准地进行表演。因此,孩子练习共情同样可以通过表演来进一步增强体察能力。[1]

"角色扮演"让孩子得以从感性的角度体会"换位思考",而随着孩子逐渐长大,阅历和体验逐渐丰富,他们也需要从理性的层面去构建同理心、提升共情能力。这里的"理性"通常是指人生观、价值观、世界观的层面。

卡梅拉的父母为什么不允许孩子去海边?因为他们认为相比探索世界,待在家里会更安全,而安全比"探索"更重要。为了帮助孩子升学,有些父母会让孩子参加各类有利于升学加分的比赛,而忽略孩子的兴趣、志向,这些都是价值观的体现。

美国儿童教育专家米歇尔·博尔巴博士曾指出,在儿童共情能力的培养上,父母首先需要审视自己的价值观。在他看来,过度竞争的文化、过度追求学业上的成功会导致孩子缺失同理心。如果想培养善良且富有爱心的一代人,我们就要先改变自己的行为方式和关注重点。要知道,单一的功利的价值目标并不能激发孩子共情他人的愿望,而我们也不希望自己的孩子最终成为一名"精致的利己主义者"。

也正因为如此,与其把孩子束缚在各类兴趣班和电子产品

---

1 董国臣、郑茹馨:《儿童戏剧与同理心教育》,《东方娃娃·保育与教育》2019年第9期。

中，不如让他们多"接地气"，从丰富多彩的实践活动中去体验大千世界、世态人情，从而潜移默化地实现共情能力的提升：在医院，孩子能感受到医生的辛劳、病人的痛苦、家人的焦心；在敬老院，孩子能体会到老人的温和与孤单，护理人员的付出；在参与各种社区服务的过程中，孩子可能会接触到不同家庭和人群，意识到不是所有人的生活都和自己的一样……

我女儿曾参加过一次去山区学校捐献电脑的公益活动。在此之前，她总以为所有的孩子都和她一样，可以用电脑学习、玩游戏，但到了那里才发现，有很多年龄比她大的孩子，都不知道怎么用鼠标。因为在那些孩子家里，一台破旧的电视可能就是唯一的电器了。我女儿开始意识到，当我们觉得"你怎么连这个都不会"的时候，或许更应该去了解背后的原因并给予帮助。

这就是实践的力量。实践能让孩子"透过现象看本质"，从而对更多的事物有深层的理解和认知，进而给予包容和支持。

从阅读故事、扮演角色，到投入实践、深度理解，这是一条符合认知规律的"共情"之路。共情是一种需要被激发的"天赋"，在不同孩子身上呈现的程度是不一样的。这就需要家长从审视自我开始，以积极、多元、向善的价值观引导孩子的体验，激发他们思考，使他们在一步步建立自我认知的基础上，不讨好、不逢迎地实现共情。

有趣好读,培养共情能力:绘本推荐(适合2~6岁)

《神奇的一天》

这是一套角度清奇、幽默有趣的角色体验绘本,让孩子"当一天交通工具""当一天玩具",甚至"当一天便便",让孩子一边大笑一边学会"换位思考"。

《当世界变得不一样》

这套书一共有4册。在书中,父母可带领孩子到世界各地去和动物"对话",听动物"口述"自己的处境与经历,从而设身处地地理解我们生活的环境。

《我的大喊大叫的一天》

这本书非常适合多子女家庭亲子共读。当我们分别站在老大、老二或者父母的角度去面对冲突时,我们就会获得不一样的启发。

《我和害怕做朋友》

当一个小女孩到一个新的国家,开启新的生活时,她的"害怕"源于何处?通过一个个细节,孩子可以全身心代入女孩的生活,从而与她产生共鸣。

《我有一个懒朋友》

同样非常适合亲子共读的绘本:当"懒"化为了一个

超级黏人的"朋友",我们该如何与它相处?这个奇妙的"懒"朋友都有哪些特点?

《海鸥宅急送》

一只企鹅当了快递员?它会遇到哪些麻烦,又将怎样发挥自己的"特长"?我们身边总有些看似笨笨的人,孩子将通过这个故事学会与他们共情。

《空冰箱》

在物质生活丰裕的今天,孩子总会把"吃饱穿暖"当作理所当然的事情。这个绘本关注的是比较少见的"儿童饥饿"问题,将带领孩子体会这个世界的多面性。

《蟋蟀的琴弦》

该绘本的作者是一位心理学家。"感同身受"是这个绘本想要传达的主题。通过讲述蟋蟀与朋友们的故事,作者希望孩子们能够意识到,有些对你来说不重要的东西,对别人而言或许相当重要。

用表演练习提升共情能力

在戏剧表演的课堂上有不少行之有效的练习主题,我们也可以在生活中与孩子一起探索更多的主题。以下列举出了针对不同身份的几类情境。家长也可以自行设计场景和悬念，让孩子通过对应的表演来激发身心的感受力：

你是一位老师，正要去某个班级上课，走到门口听到里面传出乱糟糟的声音，还有孩子在哭喊。接下来你会怎么做？

你是一名医生，给病人看了一天的病，已经非常疲惫。在你正准备下班时，一个病人急匆匆地闯了进来，嚷嚷着非要你给他看病，你会怎么办？

你是妈妈/爸爸，有一天下班回家看到孩子坐在门口哭，你会怎么做？

你是一个新转学过来的学生，同学们排斥你，不愿意和你玩。有一天，你看到大家在教室里玩桌游，很想加入。这时，其中一个玩桌游的同学发现了你，朝你走过来。你觉得接下来会发生什么？你会有怎样的反应？

你是迪士尼乐园扮演玩偶的工作人员。有一天乐园的人特别多，孩子们都要过来跟你合影，要抱抱。这时，你发现有个孩子一直挤不进来，你会怎么做？你们之间会发生什么？

六大法则：应对情绪"小怪兽"

都说孩子的脸就像六月的天，说变就变：上一秒还在哈哈大笑，下一秒就号啕大哭；刚刚还在和朋友生气，转眼就和好如初。笑、哭、生气、开心，这些都是情绪。心理学上把"情绪"定义为"内部的主观体验"，但情绪又往往伴随着外部身体的反应，这就是我们通常所说的"表情"。

对于孩子而言，内部的情绪几乎总是与外部表情相关联的，这也给家长观察并引导孩子进行情绪管理创造了条件。"情绪管理"实际上分为"管理自身的情绪"和"认知并应对他人情绪"这两部分，而它们也是"情商"的重要组成部分。

生活中我们不难发现这样的现象：孩子因为某个愿望得不到满足而大吵大闹，因为父母没有做到曾答应他的事情而闷闷不乐，或是因为生朋友的气而在很长一段时间里拒绝与之交往……面对生活中的各种困难、挫折、不如意，孩子势必会产生各种情绪。如果孩子不能对内心的这些"小怪兽"进行有效的"管理"，它们就会默默沉淀下来，从负面情绪转化为负面认知，从而影响身心健康。

这也就是为什么在今天的很多创新学校、实验学校里都引入了"社会情绪学习"的内容，目的就在于引导孩子识别和控制自己的情绪，并在此基础上做出负责任的决定。

实际上，本章第一节的"自我认知"已经包含了"认知自己的情绪"这一部分，而在这一节中，我会继续讲述如何接纳、处理自己的情绪；本章第二节的"共情"则包含了"认知他人情绪"的内容，我同样会在这一节中继续探讨应对他人情绪的具体做法。

对于孩子而言，应先管理自我，再应对他人；先形成自然的习惯，再掌握相应的技巧，这是一个由内而外提升"情商"的过程。为了便于家长参考，我将"管理自我情绪"与"管理他人情绪"这两部分的内容归纳为六大法则。

引导孩子管理自我情绪

法则一：第一时间释放情绪

我们小时候或许都经历过这样的时刻：当我们因为被责骂而忍不住哭泣时，父母总是表现得非常不耐烦，严厉地命令："不许哭！"但实际上，眼泪怎么可能说停就停？情绪也不可能有个开关，"啪嗒"一下就能关上。虽然如此，但当我们自己做了父母，看到孩子因为各种原因大哭或抽泣的时候，我们似乎也会产生同样的烦躁情绪，也会忍不住对孩子吼道："不许哭！"

而实际的结果如何？孩子当然不会因为家长的命令就马上停止哭泣，他们往往会抽抽搭搭好一会儿，紧皱眉头，涨红了脸，一副不情不愿、想要对抗到底的样子。好容易不哭了，你以为就能好好讲道理了吗？不能。他们要么低着头，身体左扭右晃，完全听不进去你的话；要么气呼呼地顶嘴，一次次激怒你……

你或许觉得，这样的孩子在管理自我情绪方面是很糟糕的，但这其实是因为身为家长的我们并没有给孩子创造相应的空间——当孩子处于某种情绪中时，家长第一步要做的不是命令他"停止"，而是允许他先"释放"。

难过、生气、烦躁？没关系，先释放。大哭、跺脚甚至在地上打滚？没关系，由他去。在孩子爆发出某种情绪之后的3分钟内，家长什么都不要做，只需旁观，让他们尽情释放。要知道，人类不是机器，我们无法像按下开关一样迅速控制住情绪。面对外界的强行要求，孩子可能会勉强压制情绪，但内心充满反抗，这就无法达到家长所期望的"教育"目的。

相反，如果我们给予孩子3分钟的情绪释放时间，他们就可以获得一段宝贵的自我冷静期：在情绪爆发之后感到"无聊"（因为没人关注），继而渐渐平静下来（为后续的反思留出空间）。值得注意的是，这段释放期不宜太长：时间太长孩子会感到自己被忽视了，可能会变得更加愤怒；也不能太短，太短的话孩子的情绪无法充分释放。我将其命名为"黄金3分钟"，家长也可以根据自己孩子的性格来把握。

法则二：在一切行动之前先"共情"

3分钟过去后，孩子从大哭变成了抽泣，原本暴跳如雷，现在只是气哼哼了。这时，我们就可以向孩子提问了："你现在是不是很生气？"或者："你刚才很难过，对吗？现在呢？"在孩子看来,这是父母在向他"确认"情绪,这会让孩子感觉到自己被关注、被尊重了。

为什么要"多此一举"确认情绪?因为这是家长对孩子"共情"的开始。无论孩子有没有道理,家长面对孩子情绪的第一步永远都是先理解。在上一节中我谈到的"共情"所具有的价值和意义,对成年人同样适用。而借助"共情"这一神奇的"读心术",家长还可以更深入地理解自己的孩子,从而避免很多不必要的亲子冲突。在我看来,"共情"正是一种"不生气"或"少生气"的教育之道。

当孩子因为某件事(不愿意吃某种东西、不想去睡觉)而逆反,或是因为某件事而表现异常(考试不及格、跟同学吵架)时,家长可以按照以下步骤,先与其"共情",再寻找解决问题的办法:

1. 放松心情,放下所有的"预设",比如你不能上来就说:一定是你不认真,多半是你先动手的……你应该先认真倾听,并有意识地提醒自己要"共情"。

2. 观察孩子的表情、动作,体会他们的语气,确认孩子在这件事情上的真实想法和感受。

3. 无论你是否认可,首先都应对孩子的想法和感受给予肯定或部分肯定。你可以这样说:"我知道你现在很生气,这很正常。"或者:"我明白你很难过,换作我可能也会这样。"

4. 在孩子获得了你的共情且情绪逐渐平稳后,你再给出自己的调整意见。

也许有的家长会质疑，不是应该教孩子自己管理情绪吗？怎么都成了家长的事情？对此，家长要清楚，在对待情绪这个"小怪兽"时，孩子的能力是有限的。事实上，我们很多成年人在自我情绪管理上都存在问题，更何况孩子。但也正因为他们尚处于成长与变化之中，所以只要家长稍加引导，他们就会朝着正确的方向前行。如果孩子每次"发脾气"，都能首先获得来自家长的"充分共情"，他们就会在不知不觉中学习、模仿，从而变得更加通情达理、善解人意。

法则三：用理性反思感性

"理性"指的是由家长来引导孩子反思，"感性"指的是孩子的负面情绪。当孩子感觉自己受到了尊重，他的情绪也因此而平复下来时，理智就可以发挥作用了。我们不能单纯地将这一法则理解为"说教"——实际上，说教太多、时间太长，往往会适得其反。这里的"反思"是引导孩子思考：我的情绪从何而来？怎样才能让自己走出这种情绪？下次遇到类似情形应该怎么办？家长不应直接给予孩子"标准答案"，而应带他一起探索答案：他自己找到的答案，更容易被他接受。

比如，孩子不小心弄坏了心爱的玩具，忍不住号啕大哭。等孩子释放完情绪后，家长需要表达对他这份惋惜、遗憾心情的理解，进而展开"理性"反思的引导：

玩具为什么会坏掉？（分析原因）

现在已经坏了，还有什么弥补办法吗？（给予安慰）

下次我们应该怎么做才能防止玩具坏掉？（吸取教训）

你打算怎么处理坏掉的玩具？（学会"收尾"）

当孩子开始用"大脑"来思考这些问题时，他的情绪会迅速得以平复。从释放到确认，再到反思，"情绪"这头"小怪兽"一直被尊重、被理解、被安抚，最后它就会乖乖地回到自己的"窝"里。

教会孩子应对他人情绪

法则四："冷处理"往往最有效

孩子在社交过程中与别人产生冲突是常见的事，但每个孩子对冲突的反应不尽相同。因为我们很难提前知道哪些事、哪些行为或哪些言辞会戳中对方的"痛点"，引起对方相对激烈的情绪反应，所以在对方释放情绪时，最好先"冷处理"，不要急于争执、辩解，甚至不要急于安慰。

比如一个男孩摔坏了一个女孩的水杯，女孩气得哇哇大哭，要去向老师告状。男孩急了，说女孩前两天还弄丢了他的笔，这就算扯平了，谁也不告谁。没想到女孩更生气了，因为那个水杯是她爸爸前两天送给她的生日礼物，怎么能和一支普通的笔相提并论呢？然后男孩也怒了：凭什么我的笔就普通，你的东西就了不起？就这样，两人争吵起来。

其实，在女孩已经生气大哭的情况下，无论男孩说什么、做什么，都无济于事。不妨在简单道歉之后等一等，等女孩的情绪缓和了，再诚恳地表示愿意赔偿。或许女孩依然会念叨水杯的重要性，也可能依然会去向老师告状，但此事最后不会闹得难以收场。而恰当地应对自己闯的祸，可使男孩给同学们留下有担当、懂进退的良好印象。

这一条原则其实和"法则一"是对应的，只不过此时孩子站在了"家长"的立场上。所谓的"冷处理"就是给对方充分的时间去释放情绪，然后再采取应对措施。需要注意的是，这里的"冷"不是"冷漠"，而是"冷静+诚恳"，表现出对对方的理解，以及想要和对方一起解决问题的态度。这一点同样需要家长在平时的生活中对孩子多加引导。

法则五：转移注意力来"灭火"

这一条法则特别适用于当孩子是冲突的"旁观者"时：当发生冲突的双方箭在弦上，彼此都处于某种激烈的情绪中时，作为同龄人的孩子应该如何劝解和应对？

首先，孩子需要同时站在双方的立场上，充分发挥共情能力，找出双方都合理的部分。比如："我知道这个杯子对你来说很珍贵，我爸爸送给我的生日礼物，我都当成宝贝呢。不过，他也不是要故意摔坏你的杯子，他是急着去交作业，跑得快了一些。"

可是这两人都还在气头上，不太可能就此偃旗息鼓。作为劝解者，此时不妨尝试"转移注意力"的招数：让女孩去看看自己新买的文具盒，或者让男孩帮忙去拼装一个新的玩具。当双方不再胶着于这件事上时，相应的情绪就会消失得很快。

实际上，在成年人的交往沟通中也常常会有这样的现象：明明导致冲突的问题已经解决，但情绪一时半会儿就是难以平复；或者事已至此，也知道没有别的办法了，但在情感上就是难以接受。这时，旁观者如果能帮忙"转移注意力"，就相当于给了当事人一个"台阶"，让被激发的情绪转个方向，从而获得平静下来的契机。

法则六：换个地方好好聊

有时，我们的心理状态与所处的"空间"紧密相关。所谓的"睹物思人""触景伤情"，就是因为曾经在某个地方发生的事、引发的情绪一直留存在记忆里，在相似的条件下被再次触发了。

将这个原理应用到某个小的冲突场景中，我们就会发现很有趣的现象：处于情绪顶峰的双方，一旦离开发生冲突的地方，往往就很容易冷静下来。这也就是为什么我们劝架时，会把吵架的人拉到一边去劝说。因为行为上的"离开"，更利于情绪上的"抽离"。

对于孩子而言，当他与别人产生冲突时，他可以试着将对方带离"冲突地"，或者仅仅是走到一边，以"更靠近一点""声音更轻一点"的方式和对方交流。这种做法一方面可以让对方因受你的影响而控制激动的情绪，另一方面还能营造一种私密感、信赖感，让对方体会到你渴望平息冲突的诚意。

操场上发生的矛盾，回到教室里再聊聊；图书馆里发生的争执，走到馆外再解决。换一个地方，换一种心情，同时也可以摆脱众人的目光，到一个让双方都感觉更"安全"的环境中去直面冲突。毕竟，一个不受打扰的、私密的空间更有利于矛盾的解决和一致意见的达成。

　　以上六大法则分别着眼于"自我"和"他人"的情绪管理，但这些做法之间有着紧密的联系。当孩子对此养成了"习惯"、形成了下意识的"本能"，他就能更自然地切换立场，从当事人、旁观者等不同角度来理解情绪，学会应对各种不同的社交场景。

好说好听：让"沟通"达成所愿

看到小区里其他小朋友玩得热火朝天，自己也想加入，但不知道怎么开口。

想要一款玩具汽车，但家长觉得另一款积木玩具更好。面对家长给出的各种理由，你不知道怎么说服家长。

在学校，你不小心碰倒了同学的水杯，同学说你是故意的，你不知道该怎么反驳……

以上都是孩子在生活中常常会遇到的沟通难题，体现为沟通的"卡壳"或者"不畅"。沟通不畅的后果往往是：自己的意愿得不到满足，或者被别人误会又无法澄清；不良的后果反过来又会影响沟通意愿和能力的发展。

沟通能力也是"情商"的重要组成部分，它关系到人与人之间、人与群体之间思想与感情的传递和反馈，其目的是在想法上达成一致、在感情上能够互相理解。但是，"沟通能力"并不等同于"表达能力"：后者是单向的，而前者是双向的。

要完成一次良好的沟通，一是要清楚表达并论证自己的观点，二是要充分聆听并思考别人的观点。这两方面缺一不可：只表达不聆听，可能显得很强势；只聆听不表达，就会变得过于顺从而容易违背内心的真实想法。

可持续的、积极的沟通，是在完成双向信息流动的过程后，双方做出进一步的思考或给出相应的条件，最终取得观念或行动上的一致。比如在开头的场景中，小朋友接纳新伙伴一起加入游戏，孩子接受因玩具汽车价格太贵而换成积木玩具，这些都是经过沟通所达成的良好效果。

前文讲到的"自我认知"和"共情"，其实都是进行沟通的必要前提。因为沟通是信息的双向流动，所以我们必须首先清楚自己的需求，再以共情来实现换位思考，在"不刻意伤害别人"的基础上完成沟通，达成一致。

对于孩子而言，沟通的技巧虽然有很多种，但说到底只有两个重点——"好好说话"和"好好听"，也就是怀着一颗真诚的心，有礼有节地表达，诚挚认真地听。

有条有理，有论有据

在什么情况下，孩子会想要去沟通？通常就是他想要做什么，或者不想要做什么的时候。这个"想要／不想要做什么"就是沟通的目的。明白、清晰地表达出"我"的意愿、想法，是沟通的第一步。

而要清晰表达自己的想法和意愿，首先就要弄清楚自己的想法和意愿：我到底想说什么、做什么，想证明什么、选择什么？千万不要以为这很简单。实际上对于孩子而言，很多想法会一股脑儿涌讲脑中，这使得他们急躁不安、力不从心。在这种状态下，孩子对自我想法的表达比较零散，让人听不明白，甚至容易被别人的想法牵着走，从而导致沟通失败。

有个孩子放学回家后，急切地向父母说起在学校发生的一件事：他推开教室门的时候没注意，撞到了门后面的一个同学，将对方的额头撞出了一个小包。老师已经让他跟对方道了歉，希望他回家告诉自己的父母，让父母跟对方家长也解释一下。

可是这孩子心里着急又害怕，一会儿担心被父母批评，一会儿又觉得心里委屈，于是说话颠三倒四，父母都听不明白。

我们不妨设想一下，当孩子还没理清自己的思路时，可能会这样说："我以为门后没有人，就用力一推……可是谁会站在门后呢？我又不是故意的……"家长也没有停下来等孩子整理思路，而是着急做出判断："你怎么不看清楚呢？做事总是这么莽撞！"可以想见，接下来孩子多半会急于辩解，而家长又认为这是"顶嘴"。最后，孩子没能实现自己的沟通目的，家长还生了一肚子气。

因此，在沟通之前，家长应先让孩子冷静下来，不要着急，按照事情发生的先后顺序来说。在孩子描述完整个过程之后，家长要进一步提示孩子：现在你想要告诉我们什么？是想让父母知道你不是故意的（获得宽容和安慰），还是想让我们去跟对方家长解释（听从老师安排，平息事件）？此时，孩子就会有意识地思考自己这番沟通的"目的"。

清楚地意识到自己的"沟通目的"是非常重要的，这不仅有利于孩子明确表达自己的意愿，更有助于其顺利展开沟通的第二步：找到支持自己想法和意愿的理由，也就是找到"沟通依据"。

在前面这个例子中，如果孩子的目的是"获得父母的宽容"，那么相应的理由就是：第一，我不是故意的；第二，我已经诚恳道歉。而如果目的是"让父母去跟对方家长解释"，那么相应的理由则是：这是老师建议的，这样做更能获得对方家长的谅解。

不同的"沟通目的"对应的是不同的"沟通依据"，正如"论点"和"论据"之间的关系。如果只是表达观点、想法，却不拿出相应的依据，就很难说服人。需要注意的是，这里的依据和理由不仅仅包括"我"的看法，也包括"我"认为对于他人而言有益的做法。比如，当孩子希望加入一支踢球的小团队时，他重点强调自己射门技术非常厉害，会帮助球队多多进球。这就是在强调自己能为对方带来的益处，从而促使双方达成一致。

清楚地意识到自己的沟通目的，明白地表达自己的想法和意愿，找到支持这一想法和意愿的理由或依据，这是从"自我"向"他人"传递信息的三个有效步骤。那么，如何让孩子清晰、明确地完成这一系列步骤呢？我们可以借用"金字塔原理"来进行引导和训练。

"金字塔原理"是风行于世界著名管理咨询公司麦肯锡内部的思考和沟通方式，其核心做法是：在沟通过程中先抛出总的结论，然后将其拆成一个个分论点，再针对分论点分别给出论据，从而让重点更突出。就这样由上而下，让你要表达的内容结构形成一个金字塔的形状。

金字塔原理

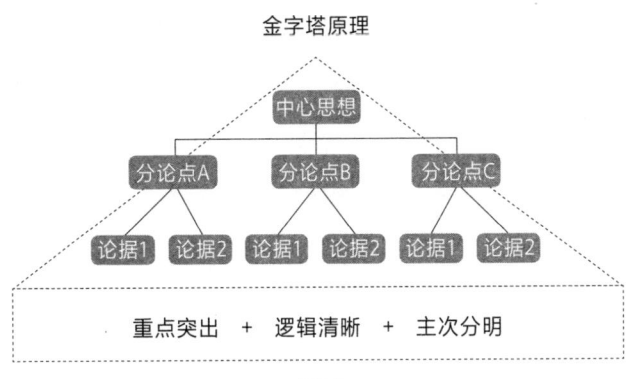

```
              中心思想
         /       |       \
      分论点A   分论点B   分论点C
      /  \     /  \      /  \
   论据1 论据2 论据1 论据2 论据1 论据2
```

重点突出 ＋ 逻辑清晰 ＋ 主次分明

图2.1

将这个方法运用于职场时需要分为多个层级，相对比较复杂，但就孩子的日常沟通而言，运用金字塔原理其实就是先给出明确结论，再解释理由。因为人的大脑无法在短时间内记住大量信息，所以我们要把重点内容放在最前面，吸引大脑的注意；进而按照逻辑顺序，针对每个结论给出相应的理由和依据。

比如，一个小女孩想先下楼和朋友玩耍，再回家写作业。她一开始是这样跟妈妈表达的："妈妈，小红在楼下叫我了，我说了我作业还没做完。今天的作业确实很多，但小红晚上就要回老家了，那我们整个暑假都见不到了……"

对于妈妈而言，她一下子接收到的信息是：小红已经到楼下了，女儿作业还没做完，小红要回老家了，女儿现在要出去玩……这些信息没有轻重缓急，没有论点与论据的区分，因此妈妈一头雾水，不知道该怎么判断，从而让沟通变得低效。

而运用"金字塔原理"，小女孩可以换一番话语来表达：

"妈妈，我想现在去楼下和小红玩（分论点A）。她今天晚上就要回老家了，我们整个暑假都将见不到了（论据1）。今天的作业有点多，等我做完再去找她就来不及了（论据2）。而且，她现在已经在楼下了（论据3）。"

"等我晚上回来一定抓紧时间完成作业（分论点B）。今天的作业虽然多，但不是很难，我估计可以在一个小时内完成（论据）。"

针对分论点A提出的几个论据，是按照从"最重要"到"最不重要"排序的，这有利于家长也就是沟通方迅速了解最有力的理由，从而尽快做出判断。而分论点B可以在妈妈同意分论点A之后再给出，进一步确保沟通的一致性。

在沟通的第一个向度上，孩子需要先把"我"的想法和意愿表达清楚，也就是运用"金字塔原理"，将重点内容（沟通目的）放在最前面，然后围绕这一目的给出相应的依据和理由。"论点和论据"的关系是最基本的逻辑关系之一，孩子对于这一关系的把握和运用将对其日常沟通及写作能力的提升产生很大影响。

作为孩子的"沟通助手"，家长有哪些具体任务？

在日常生活中，除了同龄的同学、伙伴，家长是孩子最高频的沟通对象，也是孩子最有力的沟通助手。在与孩子沟通或者旁观孩子与他人沟通时，家长要有意识地扮演好自己的角色。以下具体任务有利于我们帮助孩子提高沟通效果，引导其沟通能力得到正向的提升：

创设场景，给予任务，激发沟通意愿。例如将糖果锁在孩子看得见却打不开的罐子里，把玩具放在他们够不到的地方，让孩子学习如何寻求大人的帮助。

提示孩子在沟通时尽量保持平静，按照一定顺序讲述观点或事情的经过。

适时复盘总结沟通情况，包括：描述过程、假设其他做法（如果你想要这样，还可以怎么说）、推测结果（这样说会不会更好）等。

在与孩子沟通的过程中制造"留白"，避免孩子过度沉默、"乖乖听话"。家长不要自己滔滔不绝，应尽量给孩子留出回应的空间。

专注聆听，恰当回应

在我们的日常沟通中，"听"有时比"说"更重要、更关键。一个懂得聆听的人，往往更容易获得他人的信任，为沟通创造出一个更理性的氛围。俗语说"有理不在声高"，比起强词夺理、高声辩解，静静地聆听、恰当地回应有时反而能达成更好的沟通效果。

在沟通的过程中，好好地"听"并不是指沉闷不语、毫无反应，也不是指无原则的赞同、完全的"听话"。让双方都感到舒服、让沟通变得有效的"听",包含了一些特殊的技巧:它们既涉及表情,也涉及语言、动作。

1. 全神贯注地听

这是关于"听"最重要的一条原则,是聆听者的一种姿态:望着对方的眼睛,将注意力放在对方所说的内容上;它同时也是一种思维能力,即你的思绪要时刻跟上对方,并把握对方表达的观点和理由。

不仅如此,"全神贯注"还包括"不随意插嘴"。有的孩子在交谈或沟通过程中特别喜欢插嘴,很少能耐心、安静地听完一番完整的话。这一方面是个性问题,但更大程度上是习惯使然。因此,在孩子刚开始插嘴的时候,父母就要立刻停下来,告诉他这种做法是不对的——既不礼貌,也不利于沟通。

实际上我们常常能发现,不少孩子都喜欢在别人说话时插嘴,却不喜欢别人在自己说话时插嘴。这说明孩子对于别人的聆听是有要求的,虽然这种要求可能是出于本能,但家长可以充分利用这一点,唤起孩子的"同理心",让他们以同样的要求来对待自己的聆听行为。

2. 聆听过程中做出适当的反应

如前文所说,全神贯注地听不代表毫无反应地听。在听别人说话的时候,有的孩子习惯瞪着眼、沉默不语地听,或者东张西望、看别的地方,这都会让对方不知所措甚至产生负面情绪,不利于产生好的沟通效果。

所谓"适当的反应",一方面是指动作和表情上的,不时点头，以"对""是的""不错"这样的关键词来回应；另一方面是指"适时总结"，尤其是当对方长篇大论表达看法时，你可以在他语气稍停顿的时候插入一番总结的话语："你的意思是不是……""我知道你是想说……"以此让对方感受到你对他的尊重和理解，同时也有助于自己梳理和理解对方的观点。

注意，这里的"反应"是针对对方说话的内容给出的有针对性的回应，而不是心不在焉的"信口附和"。在生活中常有这样的情形：当孩子跟家长分享某件事时，家长看上去好像在听，实际上只是随口"嗯嗯"，有些敏感的孩子就会感到沮丧，长此以往也就不愿意和家长分享了。这就是"不恰当的反应"对沟通意愿造成的伤害。同样，当聆听者换成孩子时，他们也需要在听的时候排除干扰、避免分心，把握对方说话的内容要点，进而促成下一步的沟通。

孩子在聆听并给出回应时，既要避免"信口附和"，也要避免"自说自话"。"信口附和"其实是孩子没有专心听，因此无法做出有针对性的回应；而"自说自话"则是过于关注"我"的想法，忽略对方说话的内容要点。对于孩子而言，后者更为普遍。

在和家长沟通时，孩子往往会因为急于达成目标而聚焦于自己的想法、看法，导致沟通变得冗长而无效。比如，孩子特别想要玩具汽车，但家长觉得太贵，而且家里已经有很多类似的玩具了。双方在沟通中都说出自己的理由，但孩子对于家长的理由充耳不闻，每次都只强调"我想要""它们不一样""我就喜欢这个"……这样的反应很可能激怒家长，导致沟通失败。

实际上，当发现孩子并没有认真听的时候，家长就应该暂停沟通，先调整他的态度，引导他将注意力放到家长的话语上来；然后家长可以一条一条地抛出理由，每抛出一条理由，就停一会儿，等待孩子做出反应。这种方法可以有效教导孩子做出"有针对性的回应"，也促使他反思自己的理由和行为，最终与家长达成沟通上的一致。

3. 掌握聆听的主动权

这一技巧更适合7~14岁的孩子，此时他们已经参与了更大的社交圈，想要在同龄人中构建影响力。当参与沟通的多方发生争执的时候，孩子可以通过"聆听"这一看似被动的方式来把握沟通的主动权。具体做法包括：主动询问每个人的意见，总结并分析每个人意见的合理之处，提出核心的矛盾点，给出折中的解决建议。

"主动询问"有利于孩子做出更全面的判断，并快速获得他人的信任；而挨个询问、聆听、确认也能对他人起到示范作用，从而让气氛更融洽，有利于沟通继续进行。至于"分析意见""提出矛盾点""给出建议"等做法则需要孩子在专注聆听的基础上开动脑筋，是综合能力的体现。

"掌握聆听的主动权"不是强势压制别人的想法，而是让自己成为沟通过程中的"引导者"，从而让问题更明确、意见更充分，最终导向一致性的结果。沟通中的"引导者"角色就好比是沟通的"润滑剂"，可以有效避免不同人"自说自话"的现象，促使沟通的参与者适当思考和梳理对方的观点。能成功担任这一角色，也是孩子"高情商"的重要体现。

场景案例

请求场景

午间休息的时候，小元看到班上几个同学在玩桌游，他感觉很有趣，也想加入。于是，他走过去说道："你们在玩桌游吗？看上去好有意思，我可以加入吗？"可是同学们头也不抬，只是挥挥手："不行不行，我们正玩到关键的地方！"小元等了一会儿，一局结束后，他又提出请求："下一局让我也参加吧，我玩过类似的游戏，知道它的秘诀！"这次，同学们非常爽快地答应了。

在这个案例中，小元希望加入玩桌游的团队，因此和同学们展开沟通。他首先对对方在做的事表达了"认可"（"看上去好有意思"），接下来又站在对方的立场上表示了理解（先安静地等待同学玩完正在进行的这一局游戏），最后又特别强调了自己能带给对方的益处（"玩过类似游戏，知道它的秘诀"），由此成功被团队接纳，顺利达成沟通的目的。

"表达认可"能够唤起对方的共鸣，让对方不抗拒这次沟通；发挥同理心、站在他人角度表达理解，让对方觉得自己受到了尊重。而给予对方一定的"益处"则是从沟通的"大局"着眼，直接促成了最终的一致意见。

这里需要注意的是，即使最后对方出于各种原因不允许自己加入，我们依然需要保持礼貌，而不是怒气冲冲地拂袖而去,或者干脆搅乱游戏。对于任何一次沟通而言,无论结果如何,礼貌地开始和结束都会为之后的沟通打下良好的基础。

安慰场景

安琪的好朋友小米因生病而缺了不少课,期中考试成绩较差,小米为此闷闷不乐。某天课间,安琪主动坐到小米身边,低声问她最近是不是心情不好,小米点了点头。安琪看到书桌上压着几张卷子,猜测可能是因为考试成绩的问题,于是进一步向小米确认。在得到肯定的回复后,安琪搂着小米的肩,轻声说:"哎,考试成绩不好真的挺闹心的,尤其是像你这种平时学习挺好的人。我猜那些调皮的孩子才不会为考试成绩操心呢。"

小米听了安琪的话笑了笑,表情放松了一点。安琪继续说道:"你缺了两个星期的课还能考及格,已经很厉害了!你看,这道题你都做对了,我一节课都没落,这道题还错了……"小米说:"真的吗?"脸上露出一丝自豪的表情。安琪拍拍她的肩,语气笃定地说:"放心吧!现在你的病好了,这些对你来说都不在话下,到了期末你一定会考好的!"小米用力点点头,之前的郁闷一扫而光。

"安慰"也是沟通的一种常见情形,而实际上很多大人也不知道该如何"安慰"别人。在这个案例中,安琪在发现好朋友小米陷入负面情绪后,她首先做的是确认原因,表达共情("成绩不好真的挺闹心的");然后进行了"正面安慰",也就是直接肯定对方的表现("已经很厉害了");在此基础上,她又展开了"反面安慰",也就是以别人或自己做得不好的事情来"反衬"对方,实际上是进一步肯定对方("我一节课都没落,这道题还错了");最后,安琪将话题从当下的考试"换"成了期末考试,从而引导对方"向前看",给予对方信心。

从认真听、表达共情,到从正反两方面进行"有的放矢"的安慰,再到最后转换话题、展望未来,这就完成了"有效"安慰的一系列步骤。相比泛泛地说一句"没关系",这样的安慰具有巨大的力量,可进一步加深双方的情谊。

第三章

审"美":
体会陶冶情操的艺术之美

审美之前提：放下"功利心"

台湾作家蒋勋一直都是一个孜孜不倦的美的传播者，他既画画，也写诗，驰骋于文学艺术的广阔天地里，将每一分细腻的心思都投入对世间万物、人间万象之美的感知中。而随着科技时代、信息时代的到来，蒋勋敏锐地察觉到一种功利主义的情绪正在全社会各个领域蔓延：人们追求快节奏的生活，想要取得立竿见影的效果。都市里的人们每天匆匆忙忙，甚至都没有时间停下来欣赏一朵花的开放。

佛陀曾拈花展示给众弟子，大弟子迦叶会心一笑。佛陀就将这朵花送给了迦叶，并说自己一生的道理都在这一朵花中了。在蒋勋看来，参悟一朵花的开放，或许比学到某种知识更重要，而我们今天的教育却缺失了这一部分。

如果将"花"看作"美"，那欣赏和参悟花就是在"审美"（本章所探讨的主要是狭义上的"艺术审美"）。现在，很多家长会让孩子从小就学画画，一有空就带孩子去美术馆看展览，家里的墙上也会挂上一些画作作为装饰品……看起来，我们似乎一直都很重视孩子的"审美"。但实际上，上画画课的孩子一直在参加考级，去美术馆看展览时要记住各种相关的知识，家里随处可见的画作却很少被大人和孩子关注。

哲学家康德曾特别强调："美是一种无目的的快乐。"但在今天看似丰富多彩的审美活动中，我们却加入了太多功利性的目的：考级、学到知识、满足虚荣心、获得升学的筹码……

为什么"弹琴"对于很多琴童家庭而言是一件十分痛苦的事？为什么孩子从各种兴趣班回到家后却再也不愿意碰一下自己的"兴趣"？为什么孩子会着迷于各种电子游戏却注意不到天边变化的晚霞？因为"审美"早已被各种"目的"替代，从一个非凡奇妙的过程变成了一个可以被标准化的任务。完成了这个任务，审美便戛然而止了。

"提升孩子的审美能力"，这是我们想要达到的目的；但也正因为如此，我们首先需要放下这个目的，放下功利心。

带有目的性的审美，是本末倒置

我女儿8岁时，有一次我带她去看扎哈·哈迪德的建筑作品展，扎哈是一个以几何图样和奇异设计闻名于世的女建筑师。为了帮助很多门外汉看"懂"这些作品，展馆现场"贴心"地设置了文字说明和音频二维码。

展馆内有不少带着孩子来接受艺术"熏陶"的父母。我看到身边有个妈妈让女儿举着仪器一边听解说一边看。过了一会儿，女孩摇摇头说："妈妈，我听不懂。"她妈妈温柔而坚定地表示："听不懂你也要继续听，总是有帮助的。"这个乖孩子只好继续努力地听,然后努力地盯着作品,一脸蒙圈的表情。

我看了每个作品下的文字说明,的确非常详尽,充斥着一大堆建筑术语,就算我用成年人的思维和过往积累的知识、经验去理解,依然是不明所以,想来听音频也是如此。于是我索性放下想要得到点什么的"求知欲",只用眼睛慢慢看,反而开始觉出几分趣味。

这时候女儿跑来告诉我,那个建筑弯弯曲曲的轮廓像面条;另一个建筑层层叠叠的,好像好几个飞盘重叠在一起。她说她不喜欢看上去被"捆绑"的大楼,而喜欢像鹅卵石一样光滑的奇特空间……我们就这样边逛边看,在脑子里创造出各种相关的图景。这场"烧脑"的展览,看下来居然也挺愉悦的。

愉悦之处不在于我们知道了扎哈是谁、有什么主要成就,而在于我和孩子"感受"到了她的作品传递出来的韵律。这是我们自己发现的,而不是音频告诉我们的。

可以想见,小女孩虽然听从了妈妈的话,全程聆听语音解释,但以她的知识背景和理解力,几乎不可能获得任何有效信息和启发;而与此同时,她也没能自由敞开感官和想象去感受面前的建筑之美。这一趟"艺术熏陶"之旅其实并没有达到小女孩父母的目的——除了给他们带来少许的心理安慰。

"功利心"让我们总是渴望能得到点什么,否则这段时光好像就被浪费了,这次的审美活动也就一无所获。这种现象在美术馆里特别常见,相信我们自己或身边的人都或多或少"踩"过这些"雷":

当我们听闻某位名家的作品在展出时，我们虽然对其一无所知，看过介绍之后也不太感兴趣，但"毕竟是名家，还是去接受下熏陶"的想法仍会占据上风，于是就"强迫"自己去"欣赏"名家的作品；

在现场参观的时候，很多人对作品只是匆匆一瞥，然后立刻举起手机拍照，似乎"拍到了"就是"看过了"，就可以心满意足地切换到下一个作品；

无论是面对雕塑还是画作，我们总会第一时间去看作品旁边的标签、标题或文字介绍，似乎完全不信任自己的审美与感受力，而更信任标题或文字的"讲解"……

尤其最后这一点，我们可以回想一下：我们在美术馆里走向一幅画时，往往目光还没来得及在画面上停留，就已经转向了画作旁边那个小小的标签。读完介绍再去看画，似乎这种做法才能给我们安全感，让我们觉得自己不是在"瞎看"。

英国艺术品专家迈克尔·芬德利多年来一直从事艺术品拍卖工作，是一个经手无数名作的艺术圈大家。在他看来，上文罗列的这些常见的做法，其实是本末倒置，只会让我们离真正的艺术越来越远。

他举了一个例子来说明：在一次展览中，一幅画的标签被挂错了，但仍有很多人津津有味地看完介绍，再遵循介绍去欣赏画作。后来工作人员换上了另一个标签：原来这幅画是另外一个艺术家的作品，且风格和理念与之前错挂的那位差之甚远。[1]

1　[英] 迈克尔·芬德利著，齐英豪译：《现代艺术慢慢看》，中信出版社，2020年11月版。

那么，如果标签换了，这幅作品在观众的眼中会发生变化吗？如果"观感"的确变了，那么是作品本身变了，还是因为我们强行让标签上的艺术家信息和作品发生了联系，所以导致了改变？

关于作品标题，同样是如此。迈克尔指出，除非是创造性的语言（比如诗歌语言），否则语言无法取代艺术。比如，当你看到塞尚的一幅画作，标题是《桌子上的水果和水壶》，这个标题有利于你进行欣赏吗？显然不能。

画家起标题，有时候只是为了起标题。创作的全部精要并不在标题里，而是在他的构图、光影与色彩里。如果你只与"标题"交流，或者仅仅从标题出发去欣赏作品，就很可能失去与作品深度对话的机会，也无法获得更丰富的欣赏乐趣。

知识的价值，比不上独一无二的"体验"

《倚天屠龙记》中张三丰教张无忌学剑，他示范了三遍，竟没有一遍招式是相同的；而他对张无忌的要求是，把招式全忘了，方可开始学习。于是张无忌不记招式，只是细看剑中"神在剑先，绵绵不绝"之意：看完一路剑法，已忘记了一小半；低头默想之后，已忘记了一大半；再看张三丰演练一遍，沉思玩味一番，终于忘得干干净净。

忘掉的是什么？是具体的动作招式，是想要马上全部记住的"功利心"。学到的是什么？是整套剑法所体现的精神趣味，是这种精神趣味在心中激发的感受。这段富有东方哲学意味的描述，看似讲的是学武之道，其实也适用于艺术欣赏。

对于艺术欣赏而言，艺术家的生平、成就、创作特点、代表作就是所谓的"招式"。作品的标签、各种解说的音频都是试图把"招式"传递给你，但掌握了招式、熟记了介绍并不是真正的"欣赏"。

不看标签，不读标题，不理会各种视频或音频的介绍，不去了解创作者和作品的背景知识，不提前搜索各种评论……放下这一切，正是为了避免成见，比如"印象派一定是清新淡雅的""毕加索的画就是抽象的""米开朗琪罗的作品充满了宗教情感"等等。如果只是将眼前的作品和大脑中的成见相互映照，那么，这就不是欣赏。

真正的欣赏是体验，是敞开你的感受，专注地、沉浸地看或听上几分钟，并接受由此而产生的任何想法、感受（比如喜欢还是不喜欢）。

上文提到的专家迈克尔·芬德利强调艺术最重要的特点是诉诸感官，而不是理性，因此我们的艺术欣赏首先是要用心去感受，而不是用脑子去识记。从某种程度上来说，所有的知识都抵不上你站在这个艺术品面前的"体验"。

迈克尔犀利地指出，我们的教育体系过于看重知识的积累，而且常常以牺牲体验为代价。他认为，唯有经过智慧打磨的知识才有价值，而智慧源自体验，并非源自学习。[1]

体验／感受究竟有多重要？康奈尔大学曾做过一个实验来证

1　［英］迈克尔·芬德利著，齐英豪译：《现代艺术慢慢看》，中信出版社，2020年11月版。

明。教授把学生分为两组,让他们看一些家具的图片。一组学生需要仔细观察图片上的事物,并大声说出它们的名字,比如椅子、灯、床等;而另一组学生只需要简单说出自己是否喜欢它。结果显示,那些念出物品名字的学生,在回忆细节的能力方面,明显比另一组表达喜好的学生要弱。

正因为如此,迈克尔建议我们在面对艺术作品时,要像"剥洋葱"一样剥掉先入为主的态度和看法,剥掉图书、标签、音频等强塞给我们的各种知识,从"空白"开始,练就真正的鉴赏力。

比如,我带女儿去美术馆时,不会急于给她普及各种艺术常识,而是先让她自己溜达一圈;然后再让她挑几个作品来看,同时抛出问题或任务,比如"这幅画中的太阳和那幅画有什么不同?""哪幅画中的色彩种类最多,哪幅最少?"最后,让她模仿自己喜欢的作品,亲手创作一幅。如果她对某幅画或某种风格的画作感兴趣,我会告诉她一些简单的知识,但不强求她习得与背诵(不要求她一定记住某幅作品出自何人之手),而是让她尽量打开感官来享受这个过程。

而在面对一些抽象的艺术作品时,孩子往往会问:"这是什么呀?"家长不必为了给出一个"标准答案"而急着去看标题或者听解说,此时不妨反问孩子:"你觉得这是什么?你觉得那个像什么?你能联想到什么?"由此启发孩子展开独立的思考和想象,用感受力和想象力对眼前的作品进行拆解和重构。相比死记硬背有关作家、作品的常识,让孩子对作品产生独特的体验并进行"二次创作",这才是更有深度的艺术鉴赏。

今天的人类社会已经进入了信息化和数字化时代。为了跟上快节奏的社会，在未来竞争中赢得先机，我们的功利心也变得越来越强。而审美，本质上是与高效率的世界背道而驰的：我们唯有放下功利心，放慢节奏，才能将个体感受释放出来，形成独特的审美体验。我们培养孩子的审美能力，从一开始就要构建一个无功利目的的心态，让孩子与生俱来的灵性最大程度地绽放光芒。

亲子看画之《奥菲利亚》：用讨论代替灌输

《奥菲利亚》是英国画家约翰·米莱的代表作，描绘了莎士比亚经典作品《哈姆雷特》中的场景，从内容到形式看似都非常深奥，孩子很难理解。

但实际上，和孩子一起欣赏这样一幅世界名作并不难，其关键就是"用讨论代替灌输"。以下是我带孩子看画时的一些引导和解释，供家长参考：

首先，我给孩子简单讲述了与画面相关的这个故事。在讲完故事后，我和她一起展开思考：奥菲利亚为什么会落水而死？真的是意外吗，还是她主动选择的？我们的结论是：奥菲利亚可能是因为伤心和绝望主动投水而死的。

接下来，我让孩子描述她对这幅画的第一印象和观看感受。此时家长可以"抛砖引玉"，先说说自己的看法，但完全不必担心自己的看法是否"正确"。只是分享，不要去评判。比如，对于我来讲，这幅画给我的第一印象是大面积的绿,郁郁葱葱、生机勃勃;但是中间躺着的这个人又非常美丽,面色苍白,明显处于将要死去的状态,这两者造成的反差让人震撼。

由此,我们可以引导孩子观察一些细节,比如挣扎的手、微张的嘴、苍白的脸、失神的眼睛等,这些都表明奥菲利亚的生命正在消逝。美丽的环境和衣服,绝望的人和将要消失的生命,它们之间形成了鲜明的对比。这也是艺术家的高明之处。

这幅画里的花花草草并不是随手画的,而是被画家赋予了一系列的象征意义,但千万不要急于让孩子去记住这些意象和它们代表的意义。我的做法是带孩子浏览一遍这些植物,然后问她:如果你是艺术家,你会用什么东西来表达爱、表达绝望,甚至表达死亡?

如果觉得太抽象的词孩子无法理解,我们可以把提问换成:你会用什么东西来表达"我好喜欢你呀""我要死啦""我很不开心"?当孩子给出了自己的答案后,我们再与艺术家创作的意象相比较。由此,孩子就可以通过自己的体验和思考来摸索"艺术特点""创作手法",而不是死记硬背,她由此所获得的审美乐趣也将大大增加。

审美之核心：多管齐下激发感受力

我女儿两岁多的时候，有一次她在哼唱《虫儿飞》这首歌："虫儿飞，虫儿飞，你在思念谁……"然后她问我："虫儿为什么一直飞，它的家在哪里呀？"我说："虫儿没有家，也找不到爸爸妈妈，所以只能一直飞一直飞……"我只是随口这么一说，但我抬起头看她时，发现她默默不语，满眼是泪。

对于触动自己的事物，孩子几乎在第一时间就会有反应，而且这种反应是无法控制的。孩子的笑与泪都是自然而然的，一般情况下不存在刻意的表演（无眼泪的干号除外），更不会像成年人那样刻意去控制。因为欢乐而大笑，因为难过或痛苦而哭泣，这就是人类天生的感受。

所谓"感受"，就是我们因被外界事物触动而产生的相应情感。感受首先是由我们的感官来产生，与视觉、听觉、触觉、味觉等感觉紧密相连；同时也和我们内心的情绪紧密相连，比如快乐、悲伤、恐惧、着急、沮丧、兴奋、害羞等。从目之所及、耳之所听、肤之所感到心之所动、情之所钟，这就是"感受"形成的过程。

有时，你面对着一篇文章、一幅画、一场戏剧、一首歌……心里产生了某种说不清、道不明的波动，只是单纯地觉得自己被"打动"了，这也是感受。感受的"产生"和感受的"表达"是两码事，正因为如此，"感受力"和"创造力"也是两码事，但前者和后者一样重要。

感受力让"日常"变"非常"

感受是人人都有的，只是有人比较迟钝，有人比较敏锐；有人容易被触动，有人很难被感动。从心理学角度来看，"笑点"与"泪点"的高低、是否容易被打动，这与每个人的性格相关，在一定程度上是由基因决定的。而"感受"成为一种"能力"，主要是在艺术审美领域。它是审美的基础，是一种值得我们追求的能力，也是一种可训练、可提升、可强化的能力。

感受与感受力的差异，在于后者具有主动性，而前者却是自然生发的，就像孩子饿了会哭、吃饱了会笑一样。在审美的世界里，发展感受力是进行一切文学和艺术鉴赏及创造的前提。凡·高如果缺乏对世间万物炽热的情感，怎能创作出炫目的星空与灿烂的向日葵？王维如果失去了对自然山水的深切感知，恐怕也很难写出流传千古的诗句。

感受力是我们可以主动去追寻且通过各种途径有意识地去激发的，它是人与机器、人与人工智能的重要区别之一。一首由机器写的诗即使让人惊叹，也只有在拥有感受力的人心中才能唤起情感的反应，而不可能在另一台机器内部泛起涟漪。

这也就是背好词好句并不能让孩子真正写出一篇"好文"的原因。这样的文章或许能得高分，或许辞藻华丽、引经据典，但没有真情实感。如同一个精致的玩具娃娃，让人无法产生共鸣和亲近感。同样，记住笔触和色彩、记住主题和构图，也不能成就一幅好的绘画。实际上，很多地方的美术考级都是以这样的方式进行的。尤其是针对低年级孩子的考级，不少美术机构要求孩子直接记住一幅画，到考场上复原出来即可。

这听起来很夸张，但感受力的退化就是在不知不觉中发生的。在今天这个信息爆炸的时代，我们更多的是被世间的景象和声音淹没，而不会主动去发现世界的美。我们每天忙忙碌碌地上学、上班，就好像一个人一天到晚都坐在电视机前，被动地接受着所有涌到眼前的事物，而不是主动去"感受"。日子一长，先天的各种感受就会钝化，后天的感受力更无从激发。

也许有的家长会说，我的孩子不需要成为艺术家，是否拥有感受力又有什么关系？那我们不妨来看看，一个拥有丰富敏锐感受力的人，会是什么样子。

不管是上下班路上，还是有事排长队的时候，他总能在别人觉得无聊的情形下，发现身边的乐趣，自得其乐；

不管是和伙伴讨论图书、电影，还是选择一门专业或一个职业，他总能跳出外界强加的标准和框架，找到自己的所爱；

见到地上的落叶可能会写出一首诗，用玻璃上的水汽也能画出个笑脸，看到路边的小狗打架都能编出一场戏……他总能把再普通不过的事情变得妙趣横生；

他的周末和假期永远不会无所事事，去博物馆或美术馆泡上一天也不是什么难事，而且完全不需要发朋友圈秀出去，因为文学艺术带给他的喜悦就足以让他获得巨大的满足感……

发现风景的美，发掘生活的乐趣，发展自己的个性，发挥无穷的创意……这种种正向的人生状态，最终会指向一个我们都在渴求的人生目标——幸福。

从五感层面激发感受力

"感受力"产生于感官，因此感受力的提升可以从五感层面入手。在日常生活中，我们可以通过引导孩子对场景或事物的"细节"进行观察、体会，帮助他们逐步构建和强化感受力。对此，有三种简明好懂的方法，我分别用了三句诗来概括：

方法一：白毛浮绿水，红掌拨清波

骆宾王的这首《咏鹅》是很小的孩子都会念的诗。我们为什么从古至今都习惯于用这首诗来启蒙？因为它意思直白，而色彩与光感又很丰富。色彩是刺激孩子视觉发育的重要元素，而视觉又是感受力最重要的来源。

从这个意义上讲，我们完全无须刻意地去美术馆，日常生活中的色彩已经足够丰富和细腻。我们可以提醒孩子观看傍晚晴朗的天空，蓝色是如何一点一点加深，阳光留下的霞彩是如何从金色变成粉色，一种颜色又是如何与另一种颜色混合相融的。这种观察可以每天不重样，让孩子放下手机抬起头来，看看天空，感受大自然的魅力。

我们也可以带孩子关注城市街道的涂鸦，看色彩是如何和谐地组合到一起的，不同形象对应了哪些不同的色彩，分别传递出怎样的感受。还可以观察小区里的植物一年四季呈现出的状态，或是家里玩具的颜色搭配。

在对色彩的体悟上，"刻意观察"与"刻意练习"一样，都能让视觉聚焦于你关注的地方，从而促使你去体会其中的特点与变化。而色彩与心理的连接也是非常紧密的，当我们学会去注意事物的色彩时，我们就更能感受到色彩引起的心理变化，从而提升感受力。

心理学家认为，人的第一感觉就是视觉，而对视觉影响最大的则是色彩。色彩能带给我们丰富的情绪刺激，创造出迥异的感受。脑科学的研究也证实：当事物能唤起我们的某种情绪时，也就能同时吸引我们的注意并刺激我们的感受。由色彩到情绪，由情绪到感受，由此形成一个不断传递刺激的链条。

比如《咏鹅》中的"白毛浮绿水，红掌拨清波"：白与绿营造出清新的色调，让人感觉神清气爽；红与绿则对比鲜明，让人感受到天真的童趣。由此带来的观感与阴天的森林这种相对阴森、诡秘的氛围就完全不同了。

方法二：飞流直下三千尺，疑是银河落九天

飞流直下、银河坠落，这是多么磅礴的景象！瀑布我们见过很

多，但如此恢宏壮观、令人惊叹的瀑布却不多见。你可以说这是李白的夸张手法，但也正是这种夸张凸显出庐山瀑布最出彩的特征。

因此，我们训练感受力的第二种方式，就是有意识地去追寻、发掘事物或场景最独特的地方。为此，我们依然不用特意去博物馆、美术馆，日常生活就是我们的宝库。以下几个例子就是由我女儿在具体的生活情景中贡献的——当然，大多是在我的有意引导下。在最初培养感受力时，来自家长的有意引导是必需的，但要注意分寸。记住，家长要做的是引导孩子的观察点，而不是强行控制或改变他的具体感受。

有一次，我和女儿去山里玩，那里不是什么景区，没有什么好看的风景。但有一种树，它的树枝和树叶都是灰蒙蒙的。于是我特意向女儿指出了这一点，她凝神看了一会儿，忽然惊喜地说："对呀，那一片树林就像雾一样，乌云可能就是从那里出来的！"

还有一次，我们走在高楼林立的繁华大街上，四周簇拥着各式各样的摩天大楼。我感叹道，这些高楼就像巨人一样！女儿想了一会儿，头头是道地开始分析："感觉这些巨人离我们又近又远。因为它们很高，所以看上去很近；但实际上我们要走好一段路才能到，所以它们又很远。"

我女儿在六七岁的时候，晚上都是和外婆一起睡，她俩常常在关了灯以后聊天。有一次，女儿跟我说："晚上关了灯以后，我觉得夜晚好冷啊,但和外婆聊天让我感觉特别温暖。"

举这几个例子完全不是为了说明我女儿多么天资聪慧。事实上,在从事人文教育的过程中,我遇到过很多孩子都具有这样敏锐的感受力:有的孩子说自己像一条蛇,总是在家人之间穿来穿去地调皮,但不会被"逮住";有的孩子形容肚子饿的时候自己仿佛是"一张纸"……事物"独一无二"的特点往往是感受力聚焦和扩展的地方。

永远不要忽略日常事物的"非常"之处,不妨将寻找这些非凡的点作为日常亲子互动的一种方式。你会发现,大人的关注点与孩子的截然不同,却能互相启发。

方法三:平明寻白羽,没在石棱中

这两句诗来自唐朝诗人卢纶的《和张仆射塞下曲》中的一首,说一个将军晚上去拉弓打猎,第二天却发现弓箭深深射进了石头里。在我看来,这是非常具有"惊奇"效果的戏剧性场面。

正如前面讲到的,故事的核心在于转折和变化,其直接效果就是带来"惊奇感"。我们首先可以通过平时的讲故事、听故事、编故事来训练孩子在故事方面的感受力,也就是有意识地引导孩子关注故事的转折点或是故事特别吊人胃口的地方;然后,通过这种方式让孩子反复品味这些转折和悬念,体会这样的情节设计到底带来了怎样的阅读感受。

以卢纶的这首诗为例,前两句是"林暗草惊风,将军夜引弓",描绘的是将军在昏暗的树林里打猎,风掠过树木草丛,营造出惊悚的氛围。到底会发生什么呢?大家都不知道。将军射出去的弓箭射中了什么动物?也不知道。于是,我们看后两句:"平明寻白羽,没在石棱中。"原来将军没有射中猎物,只射到了石头上。但是,箭深深扎进了石头,足见将军臂力惊人!

儿童故事里像这样的设计处处都是,它们往往代表了故事的高潮。如果仔细观察孩子看书或者听书时的表情,你会发现孩子在这样的时刻往往会瞪大眼睛、屏住呼吸,甚至是"哇"地叫出声来,露出不可思议的表情。这正是一个讯号,我们应该抓住这个讯号,将孩子的"感受"转化为"感受力"。你可以这样做:

询问他此时的感受,以及为什么会有这样的感受。(引导思考)

在讲完整个故事后,让他再度回味这一时刻的感受,并找出其他故事中有类似感受的情节。(引导比较)

向孩子说出你的感受,以及为什么会有这样的感受。(提供新视角)

除了故事,日常生活中也存在各种"惊奇感",只是常常会被我们忽略。比如,天气的突变——原本晴朗的天空突然乌云密布,或是某个突发事件——班上表现最好的同学突然逃课没来,楼下一直躺着晒太阳的小猫今天抓住了一只老鼠……只要我们愿意倾听,孩子总能絮絮叨叨地说出很多新鲜见闻。在他们看来,这些都是能带来"惊奇感"的事。我们同样可以用上述方法来强化这一事件或场景,让他们从产生"感受"升级为理解"感受"。

以前，我们觉得孩子太敏感不好，会特别情绪化，心理容易受到伤害。但实际上，敏感的孩子对周围的事物往往都有敏锐的观察力和充分的体验能力，而这些能力在适当的引导下可以激发出他们的想象力和创造力。的确，有的孩子天生敏感，有的孩子天生神经大条，对于神经大条的孩子，我们也可以通过上述方法引导他们注意、认知、理解生活中的细节。久而久之，他们的感受力将会让你惊叹不已。

感受力激发三"不"原则（同样也可用于其他能力的培养）：

不要否定，去对话：别否定孩子任何稀奇古怪的感受，但家长可以提出自己的看法。

不必强迫，去享受：如果孩子没有兴趣，你只需要展现出你在其中体会到的乐趣，这样自然就会影响到孩子。强迫往往只会导致顺从，而顺从是不利于自主感受的。

不用焦虑，去接纳：不同孩子的关注点和反应不一样，感受力建立的节奏也不一样。对此家长要有耐心，努力去接受孩子的节奏。

放下"知识"，让"感受"登场

一定程度的感受力除了能让我们的日常生活更有乐趣，还是我们进行艺术鉴赏的前提。如前所述，当我们带孩子进入各类艺术展览馆时，我们首先要做的就是放下功利心，进入自由欣赏的状态。那么，放下之后呢？如何开始欣赏？如何去感受？方法其实比你想的要简单。

1. 看，专注地看

有些家长可能会质疑：如果只是看而不知道看些什么，看再多是不是都无济于事？事实上，这里的"看"并不是不动脑筋地发呆，而是指放下"求知欲"，用"我感觉如何"来代替"它是什么""它意味着什么""它传达出什么信息"等理性的认知。

当我们站在凡·高的《向日葵》前，我们不要试图首先告诉孩子凡·高的生平、创作手法、作品价值，而应先带他细细体会画面给人的色彩冲击，包括每一朵向日葵的形态与轮廓、整幅画面的质感与光泽、油画的纹路、突出的颗粒等（如果你看的是真迹的话）。

单纯地欣赏，放飞你的想象，这是强化艺术感受力的首要做法，也是最重要的做法。尤其是对于孩子而言，他们天生具备惊人的表达力和出奇的想象力，我们只需让他们用自己的眼睛去看，用自己的心去感受，别干涉，少引导。

想训练孩子的感受力，一定程度上就要让家长的"知识欲"退场，让孩子先沉浸式地、独立地、不受影响地看完面前的作品。他对某个作品产生了兴趣之后，你再让知识上场。"一旦你被正在欣赏的艺术品深深地打动，你就会对那些事实产生好奇心，那就是你的智识发挥作用的时候。"[1]

---

[1] ［英］迈克尔·芬德利著，齐英豪译：《现代艺术慢慢看》，中信出版社，2020年11月版。

2. 相信并接纳自己的任何感受

迈克尔·芬德利曾讲到他女儿的一个故事：有一次在家里，他拿出一堆画有各类艺术作品的卡牌，和女儿一起玩。在这个过程中，女儿仔细端详了那些艺术名作，然后毫不客气地指出自己不喜欢雷诺阿的某幅作品。

那幅画上有一位衣着时髦的女郎和一个孩子。画面看上去色调清新，应该是美术馆里很吸引人"拍照"的那种画作。但女儿却不喜欢，原因是画中的女子跟身边的孩子并没有交流，看上去有点冷淡。在迈克尔看来，女儿的感受很特别、很真诚，而且从一定程度上来看，那幅画给人的感觉确实如此。

这种自发的、开放式的感受是如何产生的？迈克尔认为可能源自两点：首先，这是在家里，不是在博物馆里，孩子不需要保持安静，遵守规矩，带着"学习"的目的去看画；其次，这样的观看不需要考试，不是非要"输出"，但反而更有利于"输出"。不迷信"品牌"或"大师"，接纳并相信自己的感受和判断，这正是我们建立审美品位和审美感受力的关键。

3. 点到为止的"引导"，避免过多话语干扰

回想一下我们自己的经历：和朋友一起去观展时，我们很容易一边看一边交流，这似乎是一种深度的欣赏方式。但实际上，这会影响我们欣赏作品时的专注度，让我们受到同伴话语的干扰，从而阻碍个性化的感受力发挥作用。因此，当我们带着孩子去欣赏艺术时，我们要尽量避免"话语"的干扰。

但是孩子受认知能力所限，尤其是一些比较外向、缺乏耐心的

孩子，在完全没有引导和启发的情况下可能会觉得无趣。此时父母要做的就是"恰到好处"的引导：给关键词、给方向、给提示，然后静静地、耐心地等待孩子自己去欣赏与发挥。

这种方法尤其适合带孩子参观博物馆时：满眼都是饱含历史文化背景的物品，难免让人觉得信息量暴增，很难静下心来欣赏。无论是一尊青铜鼎、一个瓷碗还是一座佛像，你都可以先简单指出其质地（青铜或陶瓷）、物品名称和功能（用于煮肉、倒水或是某种信仰仪式），接下来就让孩子自行观察：猜猜各部分的作用、发现物品的奇特之处，或是想象古人在使用这些物品时的具体场景，等等。

我们很难预知孩子究竟会对哪一点感兴趣，不过没关系，这正有利于激发孩子的无限可能，也是孩子的童真给人惊喜的地方。而现在的情况却是，各类博物馆、艺术馆中挤满了举着小旗子类似旅游团一样的所谓"游学团"，老师声嘶力竭地介绍作品，孩子们叽叽喳喳地自顾自地聊天，没有安静的、沉浸式的欣赏，只有大剂量的知识灌输。互动和学习都是必要的，但这一切对于感受力的建立而言并没有多大益处。

什么样的艺术作品适合带孩子去欣赏？

1. 题材上，首选风景、神话传说、与日常生活相关的内容，避免宗教类题材，哪怕是大师之作。因为后者的信息量太大，家长很难放下让孩子"求知"的想法，从而容易舍本逐末。

2. 风格上，首选色彩明艳、具象的作品，但抽象的现代派作品也可以尝试。抽象作品往往更有利于孩子自由去感受和想象。如果希望孩子接触中国画，不妨先从水墨风格的动画开始，这样会更有趣，不必操之过急。

3. 类型上，首选绘画、雕塑、装置艺术，书法、建筑等类别可以等孩子上小学之后再去探索。需要注意的是，一些节奏轻快、旋律优美的歌曲或乐曲也非常适合孩子欣赏，不一定非是"儿童歌曲"，也不必完全拘泥于孩子正在学的某种乐器所演奏的乐曲。

审美之技巧:"乾坤挪移"的小"心机"

在心理学家眼里,"审美"是一连串复杂而相互影响的心理活动、认知活动;但在孩子这里,"审美"就是发现美,感受美,是一次次微小而模糊的触动,是让自己感到放松、快乐或惊喜的体验。作为家长,我们要包容和允许这样朴素的审美,认识到审美原本就是个人化的,没有固定标准,没有强烈的目的性。

但是,从"发现美",到探索其"因何而美",再到拓展和理解更多的美,这是一个从混沌到清晰的过程,也是需要家长引导孩子去训练和强化的部分。我们之所以将"审美"视为一种能力,正是因为它经历了这样的一个发展过程,让我们对美的事物、美的场景从朴素的感知上升到更有深度的理解,从而获得更长久、更丰富的审美乐趣。

一个人的审美能力就像一根无形的魔法棒,引导我们的内心受到触动、发生改变。当我们投入一次审美时,我们在精神层面上可能会发生以下几个方面的变化:

第一,面对美的对象,我们迅速调动过往记忆、心底深处的情感、自由飞扬的想象,将它们与审美对象结合起来,创造出属于自己的独特感受。

第二，我们把自己的情感投射到客观事物上，让它们成为我们主体情感的产物。

第三，我们体会到了审美带来的畅快与喜悦，并且有意识地调整和控制这个过程。[1]

对于学龄期的孩子而言，其审美能力的培养处于启蒙阶段，主要涉及第一、第二部分的心理变化。在这里，我把其中至为关键的变化提炼成一个个小"心机"，家长们可以此为方向，来理解孩子的审美心理，并进一步培养甚至提升其审美能力。

联想：轻松有趣的审美入门法

"联想"是我们非常熟悉的一种思维方式，是指从一个事物想到另一个事物的心理过程。最容易引起联想的就是相似的事物：从弯弯的月牙想到小船，从圆圆的蛋糕想到太阳，这是形状上的相似；从洁白的花朵想到冰雪，从雨中的远山想到水墨画，这是色彩上的相似。

低龄孩子的思维方式天生包含这种基于"相似性"的联想，因为他们常常不能迅速分辨和认知某种陌生事物，从而倾向于把该事物和自己熟悉的事物联系起来，比如天上的星星是灯、汽车是呜呜叫的大盒子等。

正因为如此，对于2~6岁的孩子而言，通过观察和识别"象

---

[1] 杜卫：《论审美素养及其培养》，《教育研究》2014年第11期。

形字"来锻炼联想能力，是一种简便、有趣、一举多得的方法。比如"口"就是一个典型的象形字，从轮廓上看酷似一张"张大的嘴"；"虫"的象形字是一个弯弯曲曲的图案，正如一条柔软蠕动的小虫子。

汉字天生具有"象形"功能，这也正是古人发挥联想进行创造与提炼的结果。因此，在孩子认字启蒙的阶段，家长不要急于让他记住某个字，而应将重点放在"猜字"上：鼓励孩子观察象形字，进行相应的联想，猜测这个字可能是用来指代什么事物的，最后再揭晓答案。这一过程同样可以反其道而行之：让孩子先看现代汉字，猜测其最早可能是什么字形，这个字形又来源于什么样的事物特点。让孩子一边猜测、一边辨认、一边涂鸦和描摹，既认了字，又发展了联想能力，更让孩子于潜移默化中体会到了中国汉字的独特美感，何乐而不为？

实际上，"联想"正是审美能力和审美心理活动的重要组成部分，丰富而灵动的联想可以帮助孩子通过"熟悉"的事物来发现审美对象的特点。比如，在一次面向儿童的建筑欣赏课上，老师讲到了西方建筑中几种"柱式"的特点，其中"多立克"柱式线条笔直简洁，显得非常有力；而"爱奥尼"柱式则纤细秀美，顶部往往装饰着旋涡状的花纹。

如何让孩子记住不同柱式的特点？老师巧妙地用了"爸爸柱"来代替多立克柱式，用"妈妈柱"来代指爱奥尼柱式。爸爸的身材高大挺直，妈妈的头上则特意烫了卷发，这样的联想一下子抓住了柱子最鲜明的特征，自然令孩子印象深刻。

由此可见，基于相似性的联想完全可以五花八门，既可以是表象的、直观的，也可以是像"柱子"与"爸妈"这样更侧重于某种精神气质的。一个更典型的例子是对中国书法艺术的审美：其重点不在于辨认一个个具体的字，而在于领会笔墨飞舞间的气韵，感受笔画连接之间的交流，也就是古人所谓"可意会而不可言传"的东西。这该怎么引导孩子去欣赏呢？

　　方法同样是"联想"。以王羲之的经典行书作品《兰亭集序》为例，要带孩子领略这幅号称"天下第一"的行书，不妨从其中风采各异的"之"字来切入：让孩子充分发挥联想，看看这些"之"字都像什么，有什么特点？

　　这一个，"之"字头上的点仿佛一只轻盈的小鸟，而最后的一笔又好像一只蓄势跳起的兔子。

图3.1

　　这一个，中间的一笔竟然是断掉的，看上去好像一个人在挥动双臂，翩翩起舞。

图3.2

这一个，一点一横轻轻相连，似乎是刚才那个跳累了的舞者正埋头喘气，或是一曲舞毕，正弯腰向大家鞠躬。

图3.3

通过对笔画姿态的联想，孩子自然会体会到其中蕴含的或优美或灵动的气韵，感受到一个字在姿态上的万千变化，从而得以从小的细节中窥见中国书法的博大精深。以小见大，从具体到抽象，这也正是艺术欣赏最有效的入门途径。

除了基于事物的相似性而引发的联想，还有基于事物相对的特点而产生的联想,也就是"对比联想",比如老一辈常说的"忆苦思甜"就是一个很典型的例子。另外还有"因果联想",比如看到涨水的大河,想到连日来的暴雨;看到凋落的花朵,想到春天已经过去。在艺术审美的过程中,展开多样化的、充分的联想有助于我们打开思路,激发感受,获得欣赏艺术作品的新角度。

对于家长而言,启发孩子的多种联想,正是带领其进行艺术审美的有效途径。无论是看一幅画、观一座楼,还是欣赏一段音乐或一卷书法作品,我们都可以鼓励孩子自由联想,找到与眼前作品相似或相反的事物,体会不同事物的核心特点与差异,从而更加懂得如何对作品进行欣赏。

移情:更高阶的审美体验

因事物相似而产生的联想,其实还有一种特殊的类型,它是基于情感而出现的。我们都知道,世间万物原本是没有情感的,但人类是有情感的。当人类把自己的情感投射到外界事物上,就会觉得那些客观存在的事物、景物仿佛也具有了相似的情感,这就是"移情"。

看到老牛耕地,我们仿佛能体会到它的勤勉、坚持、吃苦耐劳;看到落叶纷飞,我们似乎也感到一丝凄凉、哀伤。实际上,牛的行为是受农人驱使,树叶凋落是自然现象,所谓"勤勉"或"凄凉"都是我们人类的情感。但当我们将自己的情感投射到外界事物上，我们就会觉得眼前的景象也有了情感，能与我们产生共鸣。实际上，有许多文学艺术作品都充分体现出了"移情"的作用，也因此具有了丰富而深刻的感染力。

比如唐代诗人李商隐的名句"春蚕到死丝方尽，蜡炬成灰泪始干"，就是把付出与牺牲的精神"投射"到了春蚕与蜡烛身上；郑板桥的诗作《竹石》"咬定青山不放松，立根原在破岩中。千磨万击还坚劲，任尔东西南北风"，则是把坚韧不拔的气度赋予了自然界中的竹子。

对于文艺创作与欣赏过程中的"移情"，王国维在《人间词话》中有非常经典的定义，他把由"移情"而产生的艺术意境称为"有我之境"："有我之境，以我观物，故物我皆著我之色彩。"在王国维看来，这正是中国文艺创作中普遍运用的方法。

而在西方理论界，第一个提出"审美移情理论"的是德国心理学家立普斯。在关于这一理论的探讨中，他常常会以上文提到的"多立克"柱式为例。他指出，人们在观看这种石柱时会产生一种奇妙的感受：仿佛这个柱子高高耸立，对抗着屋顶的重压，不屈不挠。在立普斯看来，在"用力抵抗"这一点上，观看的人实现了对柱子的"移情"，从而获得了更激动人心的体验。

由此可见，"移情"将我们引向了更高阶的审美体验，使我们的审美能力获得了提升，而不再只停留在表象上。通过情感的"迁移"，我们可以获得与世间万物的共鸣，从而让埋藏于心底的情感得到释放，获得更真切、更深挚的审美愉悦。

或许你已经发现，文艺审美领域的"移情"，就是我们在进行阅读或写作时经常接触到的"情景交融"或"托物言志"手法。看上去这是中学才开始学习的表现手法，但其实质并不复杂，就是关注人的心情与景物特点之间的关系，将二者联系起来体会和思考。

对于低龄孩子而言，要让他们体会"移情"，有时只需家长"多说一句话"。比如清晨起来，看到窗外一轮红日升起，你可以高兴地感叹一句："哇，你看日出多漂亮！新的一天又开始啦，我们都要加油哦！"日出与新的一天，灿烂的阳光与新的决心，这其实就是在暗示孩子景物与情绪之间的关系，让他们于潜移默化中感受"有我之境"，获得审美移情的启蒙。

对进入小学阶段、已经开始系统性学习的孩子来说，我们可以从"知识"与"实践"两方面来提升他们的审美移情能力：

从知识层面，家长要引导孩子在全身心感受的基础上去了解和积累一定的审美背景常识。尤其是在欣赏有一定文化历史内涵的文艺作品时，充分的背景认知将有助于审美的深入。比如，我们带孩子欣赏贝多芬的《命运交响曲》时，可以先让他"听"，沉浸式地、专注地聆听，同时自由释放自己的感受和想象；在此基础上，再告诉孩子贝多芬与命运抗争的故事，让他发挥"移情"，去进一步感受旋律中令人惊心动魄的抗争精神。此时，背景知识就成为激发"移情"的关键，让孩子得以将自己对故事或经历的理解，融入对艺术作品的理解中。

从实践层面，家长要尽量为孩子创造丰富的生活体验，其中最重要的一项就是"旅行"。一次旅途就是一次脱离熟悉环境的探索，让孩子得以将不同的场景、风景与情绪相连接，将自身的感受与不断变化的生活相连接，从而增加对社会、自然、人性、人生的理解。正所谓"读万卷书，行万里路"，我们需要带孩子走出书房和教室，到更广阔的天地里去发现和认识差异，为"移情"的产生找到更多"立足点"。

移情"立足点"示例

时节

春：希望

夏：活力

秋：安静，悲伤，寂寞

冬：等待，平和，荒凉

春节：欢乐，温暖

中秋：思念

风景

高山：坚强，有力

海洋：宽容，喜怒无常

草原：自由，畅快

月夜：孤单

晴天：开心，兴奋

雨天：惆怅，郁闷

> **生活**
>
> 夜里亮起的万家灯火：温馨
>
> 车水马龙的街道：热闹，温暖
>
> 无人的小巷子：孤单
>
> 需要注意的是，以上只是一些常见"套路"，可用于启发孩子的移情。但实际上，我们完全可以鼓励孩子自由发挥个性和感受（或者根据以上"套路"反其道而行之），创造属于自己的移情"立足点"。正如刘禹锡的那首诗："自古逢秋悲寂寥，我言秋日胜春朝。晴空一鹤排云上，便引诗情到碧霄。"

比较：碰撞带来的审美启发

中国画清新浅淡，西方油画色彩浓烈；北方的大漠辽阔豪迈，南方的山水婉约多姿；小猫安静时悠闲慵懒，动起来又灵敏矫健……我们有意识地将风格相似或者相反的事物放在一起观看和体会时，就是在进行"比较"。

无论是在日常生活中，还是在学术研究或是艺术审美领域，"比较"都是一种富有启发性的方法。通过对相同点、不同点的罗列与比较，我们更能体会事物的特点及其形成原因、所具有的价值等。在对某个艺术作品进行欣赏时，如果能引入与另一个作品的比对，我们将更容易发现作品本身的闪光点。比如中国水墨画通常只有黑白两色，却营造出了万千意象；而在与西方油画浓墨重彩、偏重写实的风格进行对比之后，我们更能体会前者以少写多、以简洁见丰富的特征。

对于孩子而言，审美"比较"可以先从具象的、容易理解的事物开始。比如各类神话传说或文学作品中的故事情节就是一个很好的比较对象：跌宕起伏、悬念丛生的情节往往最能吸引孩子的关注，他们也会更乐意去主动思考和展开比较。

"大禹治水"是孩子们都很熟悉的中国神话故事：面对空前泛滥的大洪水，大禹三过家门而不入，最终通过开拓和疏通河道的方法解决了难题，让老百姓得以安居乐业。有趣的是，在西方经典《圣经》中同样提到了一场史前的大洪水，它席卷全球，毁坏了无数房屋和田地。最后是一个叫诺亚的人造了一艘方舟，拯救了善良的人们，并保全了部分植物和牲畜。

因为同样有洪水的背景、有核心人物，还有最终提出的对抗洪水的方案，所以东西方这两个传说可以放在一起进行比较。家长可以启发孩子从不同角度思考：洪水给人们带来了怎样的灾难？两个传说中的人物分别用了什么方法来对抗洪水？你如何看待这两种方法？你如何评价这两个人物和他们治水的结果？

比较对象	大禹治水	诺亚方舟
洪水的特点及影响	席卷全世界的大洪水,冲毁房屋和农田,让很多人失去生命。	
对付洪水的办法和结果	打通山路,疏通河道	造一艘巨大的方舟
核心人物的特点	聪明,勤奋,愿意自我牺牲	善良,能干
传说中体现的精神文化	保卫家园,拯救天下百姓	逃离灾难,拯救善良的人们与生物

图3.4

"传说中体现的精神文化"这一项,实际上建立在对前几项进行比较的基础上。我们带领孩子拆解两则传说中的元素时会发现,虽然面对的是同样的灾难,但二者的做法却大不相同。中国的大禹花了13年时间治理洪水,连自己的家都顾不上回;而诺亚一家却造了一艘船跑掉了,好像当了"逃兵"。有人据此认为,这是东西方文化不同造成的。其实,这一问题没有标准答案,我们可以启发孩子深入思考:之所以会有这样不同的方式,是因为我们中国人更厉害、更有勇气吗?西方人真的不眷恋自己的家园吗?

由此,我们可以引导孩子完成一个由浅入深、由情节到内涵的比较过程,从而深化对故事的理解,同时培养批判性思维。

除了故事情节,在文艺作品里还有一类经常被用来比较的对象,就是"意象"。在一个作品里,总有某种被创作者特别渲染或描绘的事物,它带上了特别的情感或寓意,能深深地打动我们,给我们带来启发,这就是"意象"。凡·高的《星空》中旋转着的星星、李白笔下"疑是银河落九天"的瀑布，都是很动人的意象。

对文艺作品里的"意象"进行比较，既要比较"象"（外观），也要比较"意"（寓意），这同样是一个由表及里不断深入的过程，有利于孩子实现审美能力的层层进阶，并最终构建属于自己的审美标准。

以文学界常常讨论的经典意象"月亮"为例：在我们中国人看来，月亮总是与家人、与思念或团圆的氛围联系在一起。比如孩子从小就会背的"床前明月光，疑是地上霜。举头望明月，低头思故乡"；再比如"嫦娥奔月"的传说中，嫦娥因为偷吃了灵药飞升上天，飞到了月亮上。中国文化中的"月亮"总是温情的，令人眷恋的。

相比之下，西方文化中的月亮，尤其是"满月"则充满了神秘感。不少文艺作品中都提到过满月具有的魔力——能让人变身，会让人发狂。《哈利·波特》中的卢平教授每到满月之夜就会变成"狼人"，满月仿佛代表了一种令人无法抗拒又能让人丧失理智的力量。

同一个意象"月亮"，在东西方不同的文化语境下具有了迥异的色彩。当我们引导孩子去体会它们之间的差异时，我们可以先从相关的作品入手（比如诗歌或传说），再分别分析其核心特征（代表思念或代表神奇力量），最后再去品味这样的差异带给人的不同审美感受（一个温馨，一个神秘甚至可怕）。

美学家朱光潜在《中西诗在情趣上的比较》一书中对于中西方文学，尤其是诗歌意象的不同风格曾有过精辟的描述：西方诗人所爱好的自然是大海，是狂风暴雨，是山崖荒谷，是日景；中国诗人所爱好的自然是明溪疏柳，是微风细雨，是湖光山色，是月景。一个热烈积极，一个温柔平和；一个代表上进、理智、热血；一个则更加柔和、宁静、优美、变化多端。

正因为东西方文化及审美情趣差异很大、对比鲜明，所以中国和外国、东方和西方的文学艺术作品中，蕴藏了很多可以被用来启发孩子进行艺术比较的对象。从故事、人物，到意象、风格，每一次比较都是对分析能力的锤炼，对审美感知的拓展。在持续的比较与揣摩中，孩子将获得更敏锐的审美感知、更广泛的审美视野、更具个性与深度的审美理念。

审美之创造：从模仿开始的创意飞跃

有一次，我给7岁的女儿讲到画家徐悲鸿写的一副对联："白马西风塞上，杏花烟雨江南。"我告诉她，这两句表达的情景非常有意思：两个字一个词，每个词都是一种事物，好像用文字组成了一幅画。这幅画上有骏马驰骋在塞外草原上，有杏花伴着细雨飘落在江南。实际上，词与词之间并没有特别的关联，却能让人"脑补"出美丽的画面。

然后，我鼓励她仿照这种方式想一句话，女儿觉得很有趣，想了想说道："天空小鸟白云，城市街道上海。"这的确做到了一个词语一个事物，不过事物的特点还不突出，不足以构成一幅有感染力的画面。于是女儿又说："荒野枯草……"第三个词她想不出来，我补充道："荒野枯草风沙？"她连连点头，一下子感觉到画面所透露出的辽阔与荒凉。

在欣赏的基础上模仿，在模仿的基础上创造，正是我们的文艺审美能力不断提升的过程。"欣赏"包括感受、联想和理解；"模仿"则是从作品中发掘一把可供运用的"钥匙"，一种工具；"创造"就是运用这种工具，融合自己的想法与体验来塑造出全新的作品。

审美是一整套综合的能力，从"审"（分析、评判）开始，最终落脚到"创"（创新、个性化）。"审美创造"具有"独一无二"的价值，能体现出一个人的品位、思想与情感。在孩子成长的每个阶段，"创造"都是一种天然的冲动，因为想要"与众不同"是一种天生的本能。家长要尽量保护、允许这样的冲动，引导孩子顺着本能去寻找属于自己的表达方式，进而实现审美创造。

准备阶段：从学习"招式"到忘掉"招式"

孩子天生渴望"创造"，但并非天生就"能够"创造。在开启创造之前，他们需要经历"准备阶段"。在这一阶段，除了积累足够多的背景、要素、知识，他们更需要做好技巧和心态上的准备。主要包括以下三个方面：

第一，一段无所事事的时光

有时我开车带女儿去某个地方，坐在后座上的她常常会看着窗外发呆。我以为她无聊，总想找个话题和她聊天，但她会认真地告诉我："妈妈，我想发一会儿呆，你先不要跟我说话。"要知道，我女儿平时是一个非常"聒噪"的孩子，总是叽里呱啦说个不停。

由此我意识到，孩子固然不像成年人那样面临复杂的人生问题，但他们仍然需要一段自我放空的时间。在这段时间里，他们可能什么都不想，也可能会胡思乱想，还可能会陷入"意识流"：比如看到窗外有两个孩子在吵架，想到自己在学校也和朋友闹翻了，转而又想到朋友身上穿的衣服，那花纹很像一种不知名的植物的叶片……

现在的孩子每天奔波于学校与兴趣班之间，想要拥有一段无所事事的时光对他们而言可谓"奢侈"；而家长大都抱有"只争朝夕"的心态，很难接受孩子什么事也不做的状态。但科学研究发现，一定时间的"发呆"和"做白日梦"，可以帮助我们减轻压力，放松大脑，有利于灵感的产生。我们要允许这样的时间存在，而不是用一个个任务把孩子所有的空余时间填满，让他们没有多余的"心理能量"去实现"创造"。

第二，耐心而有步骤地展开模仿

孩子从小学写字，不管是铅笔还是毛笔，都是从临摹开始的：最初是蒙一张纸在字帖上，一笔一画都严格按照字帖的走向来写；熟悉之后开始对照字帖，在自己的本子上写；最终脱离字帖，随自己的个性和心意而写。

模仿不仅是文艺创作的起点，也是"学习"的起点。孩子最早学说话、学走路，都是从模仿大人开始的；即使如张大千这样的大师，依然会在莫高窟的壁画前细细临摹。

与此同时，模仿还能给予创作一个支点。就画画而言，当孩子度过了最早的涂鸦期，他就会对自己有进一步的要求，希望用更好的技法表现出脑中的形象。在一些艺术课堂上，老师想引导孩子画出更真实的眼睛、更活灵活现的小猫、更细腻的树叶，往往会先展示一些相关的风格各异的图片，让孩子选择自己喜欢的来模仿，进而通过增加元素、改变色彩来画出自己的特色。

对于不同能力与性格的孩子而言，"模仿"这一阶段有长有短：有的孩子心急，掌握了一些基本要素之后就迫不及待地要创造自己的作品；有的孩子则喜欢"慢慢来"，有了一定的积累之后才会尝试开启下一步。所谓"厚积薄发"，在艺术创造这一领域，除了极少数天才，大多数人依然需要耐心地、有步骤地通过模仿来铸就基本功，沉淀和酝酿自己的灵感、想法，为接下来的创造奠定坚实的基础。

第三，打破审美惯性，跳出熟悉的舒适圈

从模仿到打破惯性，类似于从学习招式到忘掉招式，这是从模仿到创造的飞跃中必不可少的一环。审美的"惯性"，也可以理解为套路、标准，它可能是我们最早模仿和学习的对象，也可能是大家普遍认可的模式或权威。

比如在语文课堂上，鲁迅的文章曾经是"惯性"：凡是他的行文、他的措辞、他的表达方式，一定是有深刻寓意的、不容否定的、值得大家去推敲理解的。在西方艺术史上，古典写实的风格曾经是"惯性"：整齐的构图、细致的勾描、静穆的气氛，油画创作必须遵循这样的标准。

可是如果一直没有人去打破惯性，就很难产生新的创造，也就不会有百花齐放的文学作品，不会有风采各异的艺术流派。创造，本质上是创造可能。如果我们提前认定了一些"事实"，就很难去发掘新的可能。为什么总有艺术工作者呼吁，不要让孩子过早学画画？因为三四岁的孩子，审美尚未形成"惯性"，在他们眼里，海不一定是蓝的，房子不一定是方的。他们有自己懵懂的、粗糙的却特别珍贵的独特感受。如果过早地用标准去指导、去束缚，这份可贵的天真灵感便会消失。

历史学家许倬云曾指出，宋元时期，中国北方由少数民族统治，照理说其文明发达程度当时不及汉族，但也正是在那一时期，我国的学者和科学家在数学和医药方面都做出了卓越贡献。其原因或许正在于，少数民族的统治打破了一贯以来的"正统"，让更多新思与创见有了发展的空间。[1]

从获得一段不功利、无压力的时光开始，孩子的创造会经历"模仿"和"摆脱模仿"、"建立审美"和"跳出审美惯性"的过程，这正是创造的"准备阶段"需要完成的任务。

孩子的"另类"审美需要干涉吗？

在看电影、动画片时，特别喜欢恐怖、阴森的场景？

平时画画、穿衣喜欢黑白、素雅的风格？

有一些不符合"性别"的爱好，比如女生喜欢奥特曼，男生喜欢艾莎公主？

看到亲吻、拥抱，听到甜言蜜语会不好意思？

……

这些现象你的孩子有吗？

实际上，这些看上去"非主流"的审美选择和心理

---

[1] 许倬云：《万古江河：中国历史文化的转折与开展》，湖南人民出版社，2017年11月版。

> 倾向都是正常的。喜欢恐怖场景，是因为人性天生需要刺激，"既怕又爱"是常态。喜欢素雅风格，或是女生喜欢奥特曼，不过是个人选择，而且随着年龄增长、阅历和心性的变化，这样的喜好都会发生变化。我们完全不必急着给孩子在成长阶段所产生的临时兴趣打上"性别"的标签。
>
> 至于面对爱与温情时会感到害羞，这其实是受到人的天性和家庭氛围的共同影响。为什么外国家庭的孩子总会大方地拥抱、亲吻，总会勇于表达"我爱你"或者"对不起"？因为他们从小就生活在一个对爱与情的表达更为坦荡的环境中。
>
> 家长是否需要干涉孩子的审美选择与追求？其判断标准是，这样的选择是否带给他们正向的、积极的影响。如果一个男孩喜欢暴力、血腥的场面，且在生活中常常打架，这就需要加以关注并及时纠正。如果一个女孩喜欢奥特曼，在生活中因此变得更勇敢、更爱帮助别人，这又有何不可？也就是说，我们不要用"正常"与否，而要用"积极"与否来判断并引导孩子的审美倾向。

实现阶段：拆解步骤，活学活用

蒋勋曾谈到，他非常怀念台湾的传统手工艺，因为那代表了一种"创造力"。在他看来，创造力离不开三样东西：对材料的认知、手对材料的使用，以及如何用手在材料上把自己的观念和思维表达出来。[1]比如要画一幅画，首先需认识纸笔工具、各种色彩与线条；然后学会运用各种画笔绘出图像；最终，学会用图像表达自己的观念、想法、感受。

由此，我们可以把蒋勋所说的创造力拆解成三个步骤：第一步是掌握工具，第二步是学习技巧，第三步是表达自我。

第一步涉及的是标准化的知识：画笔的分类与认知、雕塑的材料与特点、关于某件乐器的基本常识等。

第二步的关键是"活学活用"。正如上文所言，掌握一定的技巧可以让我们更自如地表达，但学到的技巧却不应该成为我们的束缚。比如传世名画《千里江山图》中运用了中国画构图与透视的各种基本原则，但又以连绵不断、富有节奏感的意象编排营造出广阔的意境；画家运用了传统青绿山水的上色技法，却又以不同层次的青绿色进行大面积铺陈和点缀，让画面光彩熠熠，又不落俗套。

"活学活用"其实正是我们在审美创造的准备阶段要完成的任务，其核心在于掌握基本知识和技巧，同时又摆脱审美惯性和创造的套路。

第三步"表达自我"可以说是审美创造最重要的步骤，它赋予了艺术作品独一无二的灵魂和个性。要做到"表达自我"，首先必须具备自己的"观念、想法、感受"，其次是要找到一个合适的表达途径。

1　蒋勋：《美，看不见的竞争力》，中信出版社，2015年3月版。

不只在艺术创造领域，对于孩子而言，即使是在写作或者日常生活中，学会"表达自我"都是一项可贵的技能。它可以促使孩子将感性与理性相连接，不断反思和感受自我；进而通过思考和探索，选择一种合适的方式来表达自己的感情与想法；最终释放情感，激发他人共鸣，获得成就感。

一个孩子在草地上捡到一个空蜗牛壳，上面有旋涡状花纹，于是她把这个花纹运用到自己做的服装设计图上，把左右两侧的袖子做成花纹的样式，显得别致又活泼；另一个孩子发现汽车轮子其实是两层结构，外层是可以单独取下来的，他以此为灵感做了一个机器人的头，外层可移动，内层用来固定五官，看上去相当酷炫……

从这两个例子可以看出，在审美创造的实现阶段，孩子要用到的是全方位的"综合能力"，包括感受观察（感受力与观察力）、取象提炼（抽象思维）、创新再造（整合创造）。

"感受与观察"在前面几章已讲述过，其主要作用是让孩子充分调动感官，体验周边情境，探索事物的本质，为之后的创造搜集素材。这一过程可以没有明确的目的，只需尽可能地去观察体验，重在"积累"。就像孩子收藏动漫小卡片或者五光十色的珠子一样，"积累"本身就极富乐趣。因此，家长可以帮助孩子准备一个小本子，引导其将平时看到的特别的事物、某种特殊的感受记录下来，构成一个灵感"小宝库"。

在有了属于自己的"宝库"之后，我们需要在此基础上去盘点"宝藏"，并带着一定的创造性想法去选择、提取素材，这就是"取象提炼"。"取象"源于中国传统艺术的观念，主要是指按照自己的想法和创作思路去选择物象。在这个过程中可能需要进行比较和取舍，最终选出具有代表意义的物象。

在前面的例子中，孩子基于蜗牛壳上的花纹来设计服装，或是依据轮胎两层结构的特征制作机器人的脑袋，都是在进行"取象提炼"。在这一过程中，孩子们通常会融入自己的喜好和个性，从而为最终的作品呈现注入"灵魂"。

有了前面的阶段作为铺垫，"创新再造"就是水到渠成的事了。在这一环节，不同艺术门类的技巧将全面登场，作为一种特定的表达方式展示出自身的作用。比如音乐的曲调、旋律，绘画的笔触、色彩、构图，诗歌的炼字、押韵等。

曾经，我与某机构合作研发线上的通识课程，其中有一节是通过类似游戏的方式，引导孩子创作一幅属于自己的山水画。其过程恰好涵盖了从"感受观察"到"取象提炼"，再到"创新再造"这一系列环节。

游戏的第一步是由系统给孩子提供一些自然景观和事物，包括瀑布、山崖、白云、黑色岩石、骑马的人、小路、绿草、红叶，让孩子按照"壮观、美丽"的原则搜集和挑选素材，如瀑布、山崖、红叶、黑石。

第二步则是让孩子确立画面主题（如表现秋天的壮丽），然后根据主题将搜集到的物象进行编排，按照"主要"和"次要"来进行分类，并且按照事物之间的依存关系来确立它们之间的位置（如让瀑布从山崖上落下，红叶掩映着黑色的山石）。

最后是具体的描绘：以火红、洁白、漆黑的色彩搭配，营造出富有感染力的视觉效果，体现出秋天的艳丽；画出瀑布水花四溅的样子，让人好像听到了隆隆的水声，形成一定的听觉效果。两相结合，最终构成如诗般的画面。

当然，真正的艺术创造过程会更加复杂，但本质上离不开这几个核心环节。一幅画、一首乐曲、一首诗、一个折纸手工，就算再简单，也是一个相对完整的艺术习作，是孩子审美能力开启、拓展、不断升华后的产物。从审美创造的准备阶段到实现阶段，孩子实现了从模仿到创造的飞跃，其前提是掌握工具和技巧，核心是表达自我对外界的理解与感受，关键是充分的积累与自由的探索。

日常实践：在生活中创造美

装饰自己的房间

让孩子按照一定主题或风格来装饰自己的房间，可以引导他们从几个方面着手，比如确定主要色彩，挑选用于装饰的工艺品、墙上的图画或海报，安排图书的摆放位置，进行玩具的收纳，区分放在外面以及收进箱子的物品，等等。

搭建玩具场景

用乐高或其他积木、各种手办等搭建一个有趣的场景，可以融入一定的冲突（设置正反角色）和一些故事性情节（连续几个场景，构成一个故事的发展脉络）。场景完成后，父母或家人可以鼓励孩子讲述这一场景所要表达的故事，让孩子在此过程中逐步完善场景，并体会场景的特点。

设计贺卡

在各个节日或生日之际，鼓励孩子自己手工制作一张贺卡，可以从贺卡的开合方式、贺卡上的祝福语和画面构图等方面去考虑；也可以根据节日的风格确定贺卡的风格元素，比如春节的团聚元素、端午的粽子元素等，让孩子学会结合多个元素来设计一个相对完整的作品。

拍摄照片

在外出游玩时不妨让孩子尝试用手机等便捷工具拍照，引导他们选择合适的拍摄对象、确定拍摄目标（比如表现某种色彩、形状或者光影等）、利用美丽的景象进行构图。照片完成后，家长也可以和孩子一起观看照片，分析画面好的地方和不足的地方，从而强化审美感知。

设计日常穿搭

让孩子尝试自由搭配日常服饰，并遵守一定的原则（比如穿着要符合季节、材质反差不要太大等），除此之外不干涉他的选择和最终搭配的样式。通过选择衣服、上身试验、观察效果，孩子将获得审美能力的提升。

第四章

炼"志":
重塑面向未来的
强大意志力

不畏惧：迎难而上，"逆势"成长

人的一生，总是和各种困难如影随形：从努力吮吸第一口奶，到克服恐惧迈出人生第一步；从学骑车时歪歪扭扭地寻找平衡，到学写作文时搜肠刮肚地努力遣词造句；从埋头苦读只为考上心仪的学校，到"过关斩将"朝自己的梦想冲刺……在漫长的人生旅途中，我们迈出的每一步都有困难相伴。

每一个问题的出现，就是在制造困难；每一次失败，都会带来逆境。面对困难和逆境的态度，以及克服困难、走出逆境的能力，在一定程度上决定了孩子的未来。这种态度和能力，就是现在心理学和教育学界都在探讨的"逆商"。

所谓"逆商"（AQ），全称为"逆境商数"，它是指人们在面对逆境时的反应方式。不同的反应方式所起的作用也不同：畏惧困难而裹足不前的人，只能原地踏步，不但无法完成任务，也无法实现自身的成长；不惧困难而奋起抗争的人，不管最终的结果如何，都能在这个过程中得到锻炼，实现意想不到的蜕变。

中国古代的大思想家孟子早就描述过逆境带给人的磨砺："故天将降大任于是人也，必先苦其心志，劳其筋骨，饿其体肤，空乏其身，行拂乱其所为，所以动心忍性，曾益其所不能。"这一系列苦、劳、饿、空、乱，正是困难与逆境。从本质上看，"逆商"正是一种"意志力"，能让我们把"不可能"变为"可能"，让脆弱的内心变得强大。

我们从小就听父母说要"不怕困难，迎难而上"，现在我们自己做了父母，也常常对孩子说同样的话。但人性天生是趋利避害、拈轻怕重的，如何引导孩子直面困难而不是绕道而行？如何从小培养孩子的"逆商"，锻炼他们的意志力？我们首先就要从改变思维认知开始。

成长型思维：建立积极的信念

想应对困难，首先就要认识困难。人的一生总会遇到困难，难道我们就应该因此沮丧、绝望吗？困难和逆境带给我们的只有折磨，没有益处吗？

要回答这些问题，我们就要先了解近年来流行的一个积极心理学概念：成长型思维，是由美国斯坦福大学心理学教授卡罗尔·德韦克博士提出的。它的核心观点是，一个人的智力和能力可以在有难度的工作中得到提升。也就是说，具备成长型思维的人倾向于选择那些有助于培养新技能、获得新知识的任务，哪怕这种任务具有很大的难度和挑战性，很可能导致失败，他们也会一往无前。因为他们相信这样的任务能促进自己成长和提升，激励自己不断进步。

我们在生活中常常能看到这样的现象：当孩子在户外玩，想去爬高、翻栏杆或是从什么地方跳下来时，家长总会忙不迭地阻止，生怕孩子摔着、磕着。有的老人还会给孩子一些"建议":"你去草地上晒晒太阳,坐着玩会儿玩具,别上蹿下跳的……"而孩子通常的反应是:"那有什么意思?我就是要上蹿下跳!"

你以为这是叛逆?不,这其实是孩子在无意间做出的选择:"坐着玩"非常安全,但"没意思","上蹿下跳"更"有意思"。这里的"意思"是乐趣,也是成就感。

具有成长型思维的人往往很乐观。相比风险,他们更关注"成就感",关注自己由此获得的新技能。与成长型思维相对的则是"固定型思维",这种模式认为我们的才华和智力是天生的,固定不变的。这样的人在遇到困难和挫折时会倾向于逃避。在孩子的学习上,这一点体现得尤为明显。

对于大多数孩子而言,"学习"并非一件让人快乐的事,"做作业"往往是为了完成任务。因此,他们能少做就不多做,能做简单的题就不做难题。如果家长或老师强行要求,他们或许还会理直气壮地表示:"我不会啊!"不会,所以不做,这就是典型的"逃避"。

回想一下孩子的成长过程,两岁的孩子可能并不会对失败有什么感觉。在婴儿期,每个孩子都拥有天然的"成长型思维":学走路,摔倒了再爬起来;学吃饭,弄得满手都是饭粒也不在意;想要拿什么东西,总会想各种办法达到目的。一次不成功,那就再来一次……

而随着孩子慢慢长大,他们会变得不愿意尝试,试图逃避困难。这固然是因为他们在生活中遇到的困难更多、更大了,同时也是因为孩子对自己的评价渐渐"固化"了——我太笨、我不行、我做不到……每一次负面的反馈都会加重孩子的心理负担，从而使他认识不到事物是发展变化的，能力是可以提升的。

从上文的例子还可以看出，孩子在玩耍时往往会呈现出"成长型思维"，而在学习时就容易陷入"固定型思维"。这两种完全相反的思维方式往往会出现在不同的场景中。这与事情本身的特点有关：有趣的、可适时给予正向反馈的事情会让孩子更愿意去挑战，比如玩游戏；而高难度的、不能适时给予正向反馈的事情则容易让他们失去兴趣，因为怕苦怕累而放弃。

在后一种情形下，如何激发孩子的"成长型思维"呢？我的建议是：

第一，从家长的角度给予恰当的鼓励。你的鼓励一定要落脚到孩子在经历困难、应对困难时所展现的态度和行为上，而不是落脚到孩子所谓的"优点"上。比如，当孩子想了好几种方法依然解不出一道题时，你可以说："你看，每一次的解法都不一样，这就说明你一步步排除了错误的做法，离正确的做法更近了！"而不要空泛地表示："你这么聪明，一定能想出来！"适当的、巧妙的鼓励和表扬将成为孩子克服困难的强大动力。

第二，让孩子学会"自我暗示"。"心理暗示"其实是非常简单且行之有效的方式，具体做法就是在因遇到困难而感到心烦意乱时，进行深呼吸，对自己说："我可以的，让我再想想，不要着急……"实际上，当家长发现孩子陷入畏难或沮丧情绪时，家长就可以对孩子展开这样的暗示话术。久而久之，孩子会于潜移默化中受到影响，从而学会自我暗示。

有一次，我女儿要画一个漫画人物，画了好几稿都不满意。她气呼呼地拿出一张新纸，发了一会儿呆。然后，我听到她自言自语地说："不要急，慢慢来，先画眉毛，再画鼻子，最后搞定眼睛……"这就是在自我暗示，其实就是一种让自己快速平静下来、使自己建立坚定信念的方式。

另外，既然大多数孩子都同时拥有"成长型思维"和"固定型思维"两类思维模式，只是在不同情形下会不由自主地采取某一种模式，那么作为家长的我们就可以引导孩子，用积极场景下的反应去启发他应对消极的场景。

比如，有个孩子喜欢攀岩，攀岩的时候他总会先找到每一步的落脚点，再一点点尝试往上攀爬；疲倦或害怕的时候就先暂停，闭上眼睛等一会儿。每次攀岩结束，他都会重新看看这条线路，总结经验教训。这一套做法便可以用来启发他解数学题：把解题过程拆解成不同的步骤，遇到解不下去的地方就停下来，平复心情后再展开思考。最后回顾整个解题过程，总结技巧，举一反三，为接下来的解题做准备。

"成长型思维"的核心实际上就两点：认识到困难和挫折的意义，恰当地鼓励自己。因此，当孩子遇到困难时，家长不应取笑或是居高临下地"逼迫"他们，而应关注孩子每一次尝试的过程，指出其中的进步，从而促使孩子从正面去理解和认识困难，获得克服困难的信心。

自我评估：成长型思维VS固定型思维

这里罗列了两种思维模式下一些常见的"想法"。我们既可以用来自我评估，也可以让孩子以"成长型思维"的想法作为"心理暗示"语，从而反复练习，增强自信。

1. 如果我必须为某事付出努力，说明我不够聪明。
2. 我喜欢尝试困难的事情。
3. 当我犯错误时，我会感到很尴尬。
4. 我喜欢听别人说我很努力。
5. 在某件事上遇到困难或挫折时，我通常会放弃。
6. 我不介意犯错，错误能帮助我进步。
7. 有些事情我永远都做不好。
8. 只要多用心，多努力，任何人都能学会某件事。
9. 人生来便决定了他是愚蠢的、普通的还是聪明的，而这些无法改变。
10. 尽我所能会令我骄傲，即便事情的结果并不完美。

（以上双数编号的属于"成长型思维"，单数编号的属于"固定型思维"。）

搭建"脚手架":无比珍贵的支持力量

有段时间,我家常常会出现一种奇怪的"星期六痛点":我女儿因为平时住校,周六回家,在我看来,她有一定的独立生活的能力和自觉学习的习惯,所以每周末我都会给她安排好学习任务,然后完全让她自己按自己的节奏去完成。

学习任务不会很重,一般就是背背单词、读读英文绘本、做做数学练习题之类的。但很快我就发现,原本我以为她一两个小时就能完成,结果她会花上三四个小时,从早上拖到下午。而且,她完成的过程似乎也极其"痛苦":要么哼哼唧唧嫌任务太多,要么两眼发直,抱怨这些单词或题目太难。她每周六都是这样的表现,难免让我和她爸爸感到恼火。有时,我们也会忍不住生气、发火,一家人闹得不可开交……

我相信,这样的"痛点"在很多家庭都存在。有的家长是完全不放心孩子,不管孩子上网课还是做作业,家长都要在一旁看着,对孩子的一笔一画进行指点或批评;有的家长则是和我们一样,想刻意培养孩子在日常生活中的独立与自律能力,且效果还不错,但一遇到学习这个问题就会"功力"尽失。

问题出在哪里呢?经过观察与反思,我终于意识到,"学习"对于孩子而言永远是困难的,不管他是否擅长或是否热爱(事实上对于小学阶段的孩子而言,他们很少会发自内心地热爱学习),学习本身都是一件比较难的事。因为难、因为苦,孩子便倾向于逃避，不愿意面对。这时，如果父母以"培养孩子的独立性"为由"不理不睬"，孩子就会感到孤立无援，始终无法解决畏难问题，只能抱怨和拖拉。

于是，我尝试改变了做法：当孩子读英文绘本时，我先让她自己读一遍，勾画出不会的单词。然后我再和她一起读一遍，弄清楚主要内容。在这个过程中我们还会互相交流，一起欣赏图画，这样一来任务就变得轻松了许多。

这一做法既培养了孩子相对独立的学习意识，又给予了她重要的支持：亲子共读、互相交流，这就是在为孩子的外语阅读提供"脚手架"。"脚手架"是苏联心理学家维果斯基提出的重要概念，是指在不降低任务难度的情况下，由相对更有能力的成人来为孩子的学习提供支持。孩子逐渐拥有相应的能力之后，再拆掉"脚手架"，让他们独立承担学习的责任。[1]

对于尚未实现自律、对困难有畏惧情绪的孩子来说，来自家长的"脚手架"能给他们以信心和方向，让他们不至于在迷茫、困惑和烦躁中放弃。而要搭好"脚手架"，家长首先要放下批评、评判的心态，不要将孩子的害怕与拖拉都视为"不想学习"。在此基础上，家长要明确"脚手架"的意义，它不是全权代劳、不是轻易送上解决方案，而是给予具有支持性的助力。

比如，当孩子遇到不会做的数学题时，家长可带着孩子一起读题，找出题目中的关键词或引导孩子画图来帮助思考，这就是在搭

---

[1] ［美］罗伯特·斯莱文著，吕红梅、姚梅林译：《教育心理学：理论与实践》，人民邮电出版社，2016年版。

"脚手架"；当孩子面对陌生的乐谱失去耐心、不想练琴时，家长可指导他划分小节，一节一节来练习，或是讲讲与该乐曲相关的故事，激发他进一步探索的兴趣，这也是在搭"脚手架"。在这些场景中，任务的难度没有降低，孩子也没有得到直接的解决办法，他们只是在家长的指导下获得了帮助，建立了信心，从而愿意继续完成任务。

帮助孩子建立信心，这是家长搭建"脚手架"的重要目的之一。因此，我们不仅要给予一些技巧上的提点，还要特别关注孩子心态的调整。换言之，针对眼下急需解决的问题，我们通过搭建"脚手架"不但能够引导孩子构建起"成长型思维"，还有助于调整孩子的心态。比如，孩子一看到"背诵全文"就头疼，这时家长可以采取"分解任务"的办法，让孩子把关注点从"全文"上移开，一段一段地背，甚至一句一句地背，体会"进一寸有一寸的欢喜"，由此建立信心。学英语也是如此，一大堆单词、一大堆句式，看着难免让人闹心，不妨让孩子挑出自己较为熟悉的部分，通过反复练习来获得成就感，然后再去攻克"次简单"的部分，最后再到难的甚至更难的部分。在这个"由易到难"的过程中，孩子可逐步建立克服困难的信心。

总之，对于小学及学前阶段的孩子而言，家长搭建的"脚手架"是帮助他们建立自主学习习惯、提升学习能力的关键。家长可以通过给予方法和思路上的助力，通过"分解任务"和"循序渐进"的方式帮助孩子收获信心和成就感，从而由部分到整体、由易到难地解决问题。

案例分享：搭建学习"脚手架"

有一次，我女儿需要完成一项英语背诵的作业，并录成视频发给老师。背诵内容是课本上的整整一页，看上去内容比较多。一开始，孩子认为自己肯定背不下来，不愿意尝试，眼看着她眼睛红红的，眼泪就要掉下来了。

对此，我首先对她的担忧表示了理解，然后我提到她之前在公园里"爬石头"的例子。我说：当时你看到那么大一块石头，也觉得自己爬不上去，后来不也成功了？不试试怎么知道呢？（这是在结合日常生活场景，用积极的例子来进行鼓励。）

接下来，我和她一起仔细读了一遍背诵内容，发现这些内容虽然看上去有满满一页，其实一共只有六句话，而且每句话的形式都是相似的，属于同一种句型。我特别强调了"只有六句话，也没有那么难"。孩子明显得到了安慰，露出半信半疑的神色。（这是在针对孩子的"痛点"，把大任务分拆开来，并且找到其中的规律，让孩子在心理上感到难度降低了。）

在此基础上，孩子很快就完成了背诵，但她不愿意录视频，因为她感觉对着镜头会紧张。于是，我提议先录音频。第一遍录音，中间出现了卡顿，但整体都背得不错，我就让她针对卡顿点再重点背诵。第二遍录音以及后来录视频的任务也随之顺利完成。（这是在以退为进：可以先做"退阶"的选择，由易到难，让孩子逐渐建立信心。）

最后，作业完成。我又带孩子回顾了整个过程，引导她感受克服困难后的成就感。

综上所述，当孩子在学习上遇到困难，家长搭建"脚手架"时，可以遵循以下几个步骤：

1. 表示理解，给予鼓励：首先给予共情和理解，然后结合生活场景中的积极事例来进行鼓励。

2. 找到难点，给予帮助：把大任务拆成小任务或者小步骤，从中发现规律。

3. 循序渐进，给予耐心：不要急于一次达到目的，允许孩子有"退一步"的选择。

4. 温柔复盘，给予强化：总结过程，突出关键点，让孩子对克服困难的过程和由此获得的成果留下深刻印象，并形成内在驱动力。

不脆弱：构建韧性，适应变化

近几年，我们身边不乏这样的新闻：某学霸在求学路上一直成绩斐然、顺风顺水，但在留学过程中却遭遇挫折，走入"死胡同"，最后选择以极端的方式解决问题；或是某个白领能力出众，备受赞誉，却在一次任务失败后选择了轻生……

如今，我们的生活越来越便利，科技越来越发达；比起上一代，新一代的孩子知识更丰富，眼界更开阔，从小到大得到的赞誉和鼓励也更多，但他们似乎并没有因此变得更坚强。观察我们身边的家庭，很多家长几乎给了孩子想要的一切，满足了他们的大部分愿望，却忽略了孩子"心理韧性"的构建，以至于"经不起打击""玻璃心"成了这些孩子的通病。

所谓"心理韧性"，就是一个人应对各种生活压力的态度和能力，是一种特别重要的心理能量。如果一个人能在面对各种逆境、创伤、威胁时做出积极的反应，从负面经历中恢复过来，那就说明他具有较强的心理韧性。

家境不好、任务过重、被排挤孤立、父母离婚、朋友离开、进入陌生环境……很多时候，孩子不得不面临一些难以在短时间内改变的困境，导致心理负担加重，这就会给孩子的心理韧性带来更高的要求。

要强大，先敲打

古代的工匠要想铸成一把剑，不但要将金属放入烈火中淬炼，还要对其反复敲打，让剑身变得更锋利、更坚韧；打造瓷器也是一样，初步成型的瓷土需要在高温下烧制，还可能经历反复的失败，最终才会变得光彩夺目。这给予我们的启示是：如果一个人很少或者从不曾失败，没有走过太多弯路，没有经受太多打击，他就很难变得强大。"心理韧性"很少出于天生，大部分都在于后天的磨砺。

这就是为什么一个聪慧优秀的"别人家孩子"，会因为偶然的失败而一蹶不振；一个一贯表现突出的"天之骄子"，会在高压之下突然崩溃。"你一直都很厉害啊！"这句话在某种程度上是一个"魔咒"，让人不敢接受失败、不愿直面逆境，从而无法从挫折与困境中浴火重生。

为此，我们要在一定程度上成为"狠心"的家长，放手让孩子去"失败"，甚至为他创造"失败"的机会，让他们去挑战一些有难度的事情，确立一个让他"踮着脚"才能达到的目标。比如，现在城市里常常会有各种形式和主题的夏令营，其中有一些是不需要家长跟随的独立活动。第一次离开家长、离开家去参加为期数天的夏令营，对孩子而言正是一次"不大不小"的挑战：孩子是否会想家？生活能否自理？如何与陌生的同学相处？遇到困难如何寻求老师的帮助？生病了怎么办？……这一系列问题都是孩子需要独立面对的。但因为有规范完整的营地管理和来自经验丰富的老师的帮助，这些挑战又并非完全不能战胜。

在这样的夏令营体验中，孩子可能会因为想家掉几次眼泪，因为一开始没能和同学打成一片而感到孤单，或者因为路上晕车而感到不舒服，但最后他会发现，这一切都会过去，而几天来的充实和快乐经历却是令人难忘的，学会的沟通技巧和锻炼出来的勇气是受益终生的。

由此可见，我们不应将孩子看作"温室里的花朵"，而是要鼓励和帮助他们直面"风雨"，让他们经受"敲打"，从而变得强大。人的恐惧往往来自"未曾经历"的陌生感，而每一次进入困境又走出困境的经历，都会给予我们一种潜意识的暗示：我可以的，我做到了。这样一来，等到下次再陷入相同的境遇时，我们的害怕和担忧就会减少很多。

需要注意的是，我们为孩子选择的任务或设定的目标一定是让他"踮着脚能够到的"。如果目标过低，孩子会失去前进的动力；如果目标过高，"跳起来也够不到"，那大多数孩子就会选择放弃。一次合适的锻炼会使孩子在尽力而为的情况下依然可能失败，但也有可能成功，这样才能促使他反思与总结，探究造成不同结果的原因。

"心理韧性"本质上是一种"恢复"或"自我疗愈"的能力，它决定了我们能否从逆境中走出来，回归正常的、积极的生活状态。虽然对于大部分城市家庭的孩子而言，在青少年时代真正需要他们应对的逆境并不多，更多的时候可能是学业上的退步、在社交圈遭受排挤等。但我们需要永远保持的一个清醒认知是：不要站在成年人的角度评价孩子的处境，不要小看"成长的烦恼"。

为了帮助孩子构建"心理韧性"，我们不妨多分享自己的经历和故事，为孩子树立一个标杆和榜样，使其意识到就算生活不如意、就算没有达成自己想达成的目标，也没什么大不了，只要从头再来，一切皆有可能。

以我们自身的经历来分享，并不是因为我们自己做得多么完美、多么好，而是因为我们也不完美，也会"踩雷"，但我们依然扛了过来。要知道，成年人的世界和面临的问题要比孩子的复杂很多，因此家长的经历、经验和教训都带有天然的示范和鼓励作用。

我一个朋友的孩子，从小就有点"强迫症"，凡事都要做到最好。在进入小学高年级后，他因为课业难度增加而一度成绩下滑，原本是课代表的他，考试成绩常常"徘徊"在及格线上下。有一次，我和他聊天时，我分享了自己小时候学几何的经历：

那时候我本是班上的优等生，但在刚接触几何时却完全"不开窍"，成绩一落千丈。在分享这段经历的时候，我特别强调了我当时的心情，由此激发孩子的共鸣；然后我告诉他我是如何强行消解这种失落情绪，主动找老师提问，平时加强练习，终于在下一学期迎头赶上，甚至在期末考试中取得了班上第一名的好成绩的！

这个故事让孩子倍感振奋，因为是真实的经历，所以可信度极强。他由此明白了只要调整心态，不要一蹶不振，事情就可能迎来转机。

"恢复"，也就是"振作"，是不再放任自己沮丧，是重新相信未来的无限可能。而除了允许孩子接受"敲打"，同时分享自己的经历作为鼓励，家长最重要的任务是给予孩子充分的精神支持。我们要反复告诉孩子：无论发生什么，无论结果怎样，父母都在你身边，由此让孩子意识到并且坚信：来自父母的无条件的信赖与支持，正是自己探索世界最强大的后盾。

反之，如果作为家长的我们过于关注目标的达成，对孩子一时的挫败感却视而不见，那么孩子在成长过程中就会缺少温情，缺乏幸福感和支持感。

分析与接受：适应变化

有这样一句名言："人生在世，我们要用勇气改变可以改变的事情，用胸怀接受不能改变的事情，并用智慧分辨二者的不同。"这句话其实讲到了三件事：

"改变可以改变的事情"，这是"努力"；"接受不能改变的事情"，这是"承认并接纳"；"用智慧分辨二者的不同"，这是"思考与分析"。就教育而言，这句话设定的目标是：让孩子成为既敢于努力又不强迫自己的人。这一点在孩子面临困难和逆境的时候尤其重要。

作为成年人的我们通常会片面强调并放大"努力"的作用，认为"只要努力就能克服困难"；我们会沉浸在媒体塑造的励志故事中，感动于很多人以坚强意志走出逆境的经历。殊不知，凡事过犹不及，忽视客观条件的过度"励志"只会导致更大的压力，从而"压断"孩子的心理韧性。

孩子的兴趣、能力、心理状态、所获得的外部支持等，都属于客观条件。如果忽视客观条件，一味要求孩子按照家长既定的方向去发展，只会适得其反。比如强迫一个喜欢音乐的孩子去学画画，让热爱科技制作的孩子去发展写作能力，就算结果是"成功"的，孩子也不会感到真正的愉悦和幸福。在内心对抗且矛盾的情况下，孩子无法构建足够坚强的心理韧性：他们在压力之下艰难前行，一旦遇到困难或逆境就很容易崩溃。

勇于改变，同时也乐于接受，这才是有利于孩子成长的心理韧性。而在此之前，我们需要教孩子学会"分析"，找出那些"可以改变"的事和"不可改变"的事。

面对困难事件或一些负面状态，我们可以让孩子通过自我提问的方式进行反思：

1. 现在发生了什么？（过程—结果）

2. 我认为背后的原因是什么？（外因—内因）

3. 具体是什么让我感到有压力？（结果？状态？未来预期？）

4. 在这个事件或场景中，有哪些是我认为不会变的（比如既成的事实、已经出现的结果等）、哪些是可以变化的（比如自己的心态、当下的行动等）？

5. 那些可能会变的部分，我可以通过怎样的途径达成目标？

6. 那些可能不变的部分，是否真的如我害怕／焦虑的那样不可改变？

举例来说，有一个孩子转学到了新学校，受到同学们的排挤，无法融入新环境，他该如何应对这种情况？他可以按照上述方式进行反思：我现在遭到同学们的排挤，因为我是刚转来的，他们对我不熟悉（外因）；我想和他们交往，但又很害羞（内因）；没人和我玩，我觉得很孤单（对当下的状态有压力）；现在我已经转学到这里了（不可改变的事），我可以尝试着先和那些看上去比较和善的同学说话，再让他们介绍我去认识更多的同学（可以改变的事）……

这是一次行之有效的思维梳理和心理暗示：通过理性的分析，我们看清了当下的局面，也就不会盲目焦虑。而在得出结论之后，我们就可以分别采取行动了，"改变可以改变的事情"，具体方法因事而异，此处不赘述；"接受不能改变的事情"，这并非易事。在这里，我想重点介绍几个更适合孩子的放松与接纳技巧：

首先，最重要的一条，还是问自己：这件事导致的最坏结果是什么？接受这个结果是否真如我想象的那么可怕？

比如，被新学校的同学排挤，导致的最坏结果是什么？或许是在新学校一个朋友都没有。但是，身边还有父母和之前的老朋友，所以也不算那么糟糕吧？再比如，期末考试没有考好，最坏的结果就是被爸妈骂一顿，被安排完成更多的作业练习，但父母并不会把自己赶出家门，所以好像也没那么可怕……

这是从"理智"上先"说服"自己，让自己平静下来。接下来就需要父母出面给到一些必要的帮助：可以让孩子闭上眼睛深呼吸几次，什么都不要想，不要让正在发生的事情占据自己的内心；然后引导孩子去找一些身边的"小确幸"，以冲淡不好的事情带来的影响。比如：让孩子暂时把考试、学习放在一边，尽情去看一场向往已久的电影，组装一个平时没空去装的新玩具；或是带孩子去一个他一直想去的地方，吃一顿他喜欢的大餐……

我们经常听到这样一个词叫"治愈"，日常生活其实是最具治愈力的。衣食住行、吃喝玩乐，都能让我们从切实的行动中获得愉悦和温暖，感受到生活本身的存在感。一件件让孩子"心满意足"的小事所产生的积极能量，有助于抵御"事与愿违"带来的沮丧感与绝望感。

分析事情、接受结果，本质上是一种对"变化"的适应。实际上，今天我们所处的时代与30年前大相径庭，其中最大的不同就在于"变化"。我们过去的学习经验，对今天的孩子来说不一定适用；上一辈人的人生教训，也不一定适用于这一辈人。适应变化，已成为孩子需要掌握的最重要的基本功之一。

对此，我们需要让孩子从小就意识到，"变化"是再正常不过的事：这次比赛得了第一，下次比赛却没进决赛；今天还一起玩耍的朋友，明天就闹矛盾不说话了；以前行之有效的考试方法，进入高年级之后就不管用了；曾经觉得门门功课都很容易，现在几乎没有一门擅长……

实际上，对好与坏、成功与失败、顺境与逆境的接受，正源于我们对事物变化的正确认知：

第一，万事万物都处于变化之中，因此失败和逆境并不代表永恒，它们终将成为过去；

第二，一件事情的结果往往也处于变化之中，所以要做到胜不骄、败不馁,应更关注努力的过程和努力本身带来的乐趣,而不是更关注结果。

第三,一件事情的发展过程也会充满变化,因此我们要像开车一样,学会在转弯处"减速",在平直处"加速",以适应外部环境的变化。

如果我们能够适应变化,就像河流适应河道的变化,我们就具有了强大的心理韧性:不在逆境时消沉,一次次从失败中站起来,为了未来而继续努力。

不利于构建心理韧性的思维误区

与心态相关联的是我们的思维方式。当我们的思维进入"死胡同",心态就很难调整归位,甚至还会导致我们做出极端行为。以下三种思维误区,我们平时可以多提醒孩子注意"绕行"避雷:

管道视野

从一根窄窄的管子里看出去,只能看到管口堆着的烂泥,而看不到四周的绿草如茵、鲜花盛开。狭窄的管道视野让我们只能看到消极的一面,而看不到积极的一面,长此以往,负面心态就会不可避免地产生。

偏激结论

"老师不公平！""同学太自私！""他们就是不喜欢我！"……孩子常常会抛出这样的"偏激"结论，而这会使他们滋生埋怨、愤怒，甚至仇恨。对此，家长不要急于否定或批评，而应鼓励孩子为自己的结论寻找证据或者当面与他埋怨的一方坦诚沟通；在找到充分的证据之前，不要忙着为某件事贴标签、下定论。避免于仓促中得出偏激的结论，也就能避免"总有人想害我"的负面心态。

不恰当的羞耻心

由于老一辈的教育观念或者孩子本身的性格使然，有的孩子会认为，向别人求助是很"没面子"的事，而这种不恰当的"羞耻心"很可能将人带进"死胡同"。事实上，寻求帮助是十分自然的事，因为没有人是无所不能的。有时候，多一次交流，多一分指点，你的思路就会豁然开朗。

不"躺平"：自我管理，控制欲望

由于工作关系，我曾采访过一些功成名就的企业家，以及一些个人能力非常出众的青年学子。我发现他们无论处于哪个阶段，正在求学还是在创业，都普遍具有一个共同的特点：自律。对于每天的生活和工作安排，他们往往都有一个清晰的日程表，上面清楚地标明了在什么时间段完成什么样的任务。当然，实际执行过程中肯定会存在很多变数，但他们会尽力去完成计划，轻易不给自己找借口。

相比之下，我也接触过一些患有重度"拖延症"的年轻人：工作任务的截止日期，对于他们而言只是"开始"工作的信号，而不是必须完成任务的"警告"；他们喜欢制定目标，还设定了不少计划，但能坚持下来并实现的却少之又少……

自律，并不体现在一大堆的日程表、计划和目标上，而是体现在对既定计划的执行上。自律其实是一种自我约束和自我管理，是无须外界监督和鞭策也能自我驱动的行为，我们通常称之为"自制力"。

对于青少年而言，"学习"是一个贯穿其成长过程的主要任务，包括学习知识和技能、学习社交和实践。无论是怎样的学习，都需要以"自制力"为基础。在学习上具有自制力的人一般有两方面的特点：一是懂得自己安排计划，并按照计划一步步完成任务；二是可以抵抗各种诱惑，控制欲望，专注于任务本身直到完成任务。

对于这两点，有人将其归纳为：做"不喜欢"但"应该"的事，比如阅读、做题、复习、思考、讨论；不做"喜欢"但"不应该"的事，比如玩游戏、看电视、逃课、考试作弊等。简而言之，一个自律的人就是懂得在什么时候做什么事，且有计划地、心无旁骛地做下去。

就连成年人都会忍不住一边开会一边刷手机、一边工作一边微信聊天，可想而知对孩子自制力的培养就更不容易。这就意味着我们需要了解自制力的特点和形成机制，然后以足够的耐心，有的放矢地引导孩子，切不可急于求成。

循序渐进的日常"锻炼"

实际上，孩子还处在学龄前的幼儿期时，通常是"他律"的。他们的大部分行为出自本能，对外界的各种规定或禁忌并没有太明确的认知。比如一个孩子尝到一颗糖，觉得很甜，还想吃更多，这是出自本能的需求。而家长认为甜食伤牙，不能多吃，这是规矩和道理。而孩子首先要能理解这个道理，并将这个道理和自己的行为相联系，从而有意识地"控制"行为，这才是"自制力"。

这个过程涉及理解、认可／服从、控制等多个方面的因素，少了哪个因素都不行。而根据科学家的研究，自制力的建立是大脑皮层发育到一定程度的结果，并不是我们天生就有的。比如学校规定"上课不准讲话"，但我们都有切身体会，幼儿园课堂上的吵闹程度比小学课堂大多了。因为比起八九岁的孩子，四五岁的孩子对"规矩"的认知和对自我的控制力要弱很多。

但自制力既是一种能力，也是一种习惯，是可以循序渐进地培养的。对于学龄前的孩子而言，我们可以先从日常生活开始培养他们的自制力。

首先，我们可以有意识地对孩子进行"契约教育"："契约"的核心在于"事先定好"并且"说话算话"。家长可以和孩子约定好看电视、玩游戏的时间，买玩具的数量，去游乐场玩耍的时长等。这个约定要建立在双方都认可的基础上，一旦都认可了就要严格执行。

在游乐场里，我们常常听到家长对孩子说："再玩5分钟就回家！"而孩子只顾着玩了，随口答应，于是一个"5分钟"之后又一个"5分钟"，最后拖了半个小时才离开……这个问题就在于双方的"约定"没有"严格执行"，从而让孩子觉得承诺是无效的，家长是可以妥协的。

"契约感"的建立是孩子从"他律"走向"自律"的重要环节。为了加强这种言而有信的"契约感"、仪式感，我们还可以试着将一些生活小"家规"写下来。比如，在平板电脑正面贴张纸条，写上"每天半小时游戏时间"；电视机旁放块小牌子，写上"晚上8点至8点半可以看电视"；等等。当孩子想要"耍赖"时，家长可以指着这样的字样，提醒他注意遵守规则，控制自己。

其次，我们还可以通过一些游戏来刻意强化孩子的自制力。比如最简单的"123木头人"，就是在给予孩子最低限度的规则，让他慢慢建立规则感，开始学会控制自己的行为。还有各种棋类游戏，都是鼓励孩子在规则范围内去想办法解决问题，而不是"任性"而为。

除此之外，随时随地设定"游戏规则"也是一种有效而有趣的办法。带孩子在小区游乐区域玩的时候，我们可以根据滑梯、攀爬架的不同特点，现场制定一条游戏路线或一个游戏目标，让孩子按照指定的方式去完成，比如"滑滑梯时手不能碰触两侧""从上往下反向玩攀爬架"等。每一个小小的规则，都是对孩子自制力的考验与塑造，让他们一边玩一边树立起规则意识。

自我控制，本质上是要靠我们的意志来实现；而意志就像肌肉，是可以通过锻炼不断增强的。为此，我们可以为孩子安排一些日常生活中的意志磨炼：每天300个跳绳、一定距离的跑步、每天晚上睡觉前整理房间等。孩子一开始可能不愿意做，但慢慢会意识到这是"必须做"的事，从而学会接受，最终养成习惯。一个积极习惯的养成，能为之后克服懒惰、对抗诱惑打下更坚实的基础。

最后，想让孩子从小培养自制力，家长就需要身体力行做孩子的榜样，并有意识地突出榜样的作用。比如吃饭的时候，我常常会放下手机，然后自言自语地说道："吃饭不能看手机，我可要为宝贝做出榜样。"要知道，自制力对抗的是松弛的意志、任性的冲动，培养自制力是很难的事。如果家长能为孩子创造一个"模范"的环境，他们就能意识到这件事虽然难但依然可以做到。

培养孩子的自制力，以下"雷区"请绕行：

过早袖手旁观

家长丢给孩子一个平板电脑，告诉他只能看10分钟，然后就忙自己的事儿去了。结果孩子看了一个小时，于是家长大发雷霆……"心有余而力不足"，这是孩子在培养自制力的过程中常常会出现的情况。不经过"他律"这一步骤，孩子很难一开始就学会"自律"。

不允许失败

对自制力的培养就像对其他能力的训练一样，遭遇失败是常有的事。一次没控制住自己，那就再试一次，重要的是家长应看到孩子的努力，而不是结果。

制定过高的目标

一节40分钟的课，孩子会东张西望、看着窗外走神、玩手中的铅笔，这些都再正常不过了。要求孩子从头到尾都专心致志是不现实的，合理的目标是：能听到并理解老师讲的大致内容、掌握基本的知识点（可以通过作业来检查）、遵守课堂纪律即可。

自主权与秩序感

当孩子慢慢长大,他们将面临人生中一项非常重要的任务——学习。学习新知、锻炼各种能力,都是困难而"痛苦"的。当把学习任务和其他活动放在一起时,孩子很少会主动选择"学习"这种"困难"模式。正因为如此,我们不应该对孩子在学习上的"自律"抱有不切实际的期待,而应该重点思考如何帮助孩子解决"无法自律"的问题。

我女儿在上三年级时经历了长达一学期的网课。她在自己独立的房间里上课,我们则在书房工作,彼此互不干扰。但是后来我们无意间检查她的平板电脑,发现她在上课期间一直在看网络小说,有时则刷短视频。据她所说,班里有很多同学也是在上课时偷偷玩游戏,他们有各种办法不让老师察觉。

我一开始当然很生气,但跟女儿沟通一番后,我发现她其实知道上课时看小说、玩游戏是不对的,就是控制不住自己。在这种情况下,一味地批评教育是无效的,因为道理孩子都懂;而如果像很多家长一样坐在旁边监督,这也是"治标不治本"的。一旦家长有事离开,孩子又会"管不住"自己。

于是,我做了两件事:

第一,给孩子充分的自主权,让她自己制订解决方案。比如,设置各个娱乐程序的使用时间限制,使其上课期间无法打开;做作业的时候把平板电脑放到另一个房间,以免让自己分心,等等。

第二，和孩子一起确定惩罚措施。注意，这个做法的关键是"和孩子一起"，而不是家长"强迫"执行惩罚措施，因为这容易激起孩子的逆反心。我们需要告诉孩子，"惩罚"是为了让他有"畏惧感"，从而有意识地去规避那些会引起惩罚的事。

在后来的网课中，我女儿果然很少再看小说或视频。做作业的时候她偶尔会忘记把平板电脑拿出房间，但也没有再分心去玩。

"自制力"是自我控制的能力，说到底和"自己"有关。因此，自主权非常重要：不论是让孩子自己制订解决方案，还是和孩子一起确立惩罚措施，其实都是在向孩子传递一个信号："我相信你，你有能力管理和控制自己。"不要小看这样的信念，这会给孩子巨大的力量感。

与此同时，"让诱惑远离自己"，这也是培养自制力的一种有效做法。比如在做作业时把平板电脑拿开，不在书桌上放玩具，不把游戏机放在触手可及的地方，等等。

有些家长可能认为，这怎么是培养自制力呢？这就是"逃避"！但实际上，主动"避开"具有诱惑力的事物，正是培养自制力的第一步。就像学会跑之前要先学走路一样，自制力的培养同样不可操之过急。这样做有利于孩子将"诱惑"排除在"写作业""上网课"等行为之外，久而久之便能养成正向的习惯。

与"避开诱惑"相关联的另一个有效措施是"10分钟延迟法"，也就是每当你面对诱惑时，你就给自己10分钟的"延迟"

时间。你需要反复告诉自己:"我可以做这件事,但要10分钟以后。"而事实往往是,不到10分钟你就不那么想做这件事了。

这一方法的原理是:我们的大脑在处理"即时奖励"和"未来奖励"时的反应是不一样的:对于当下马上能获得的奖励,大脑会分泌大量多巴胺,让我们感到快乐和满足(这就是游戏总能让我们上瘾的原因)。但如果是需要等待的、发生在未来的奖励,大脑就不会特别上心。

因此,当我们想要玩游戏的时候,我们如果告诉自己10分钟以后才能去玩,那大脑就觉得没那么上瘾了,不玩也行。

如果孩子在面对每一次"想玩游戏""想看电视""想出去玩"的诱惑时,都能"推迟"10分钟,他们就可能感受到"欲望"的消失,从而意识到自己是可以控制欲望的。

另外,在培养自制力的过程中,"失控"在所难免,"心有余而力不足"也是常见的,由此引导孩子设置一定的"自我奖惩"非常有必要。考虑到孩子对于惩罚是非常敏感的,有些自尊心强的孩子更会把来自家长的惩罚看作是对自尊的挑战,因此,我们要允许孩子自己制定奖惩措施,这也是在鼓励他们对自己做的事及结果负责。因为是"自主"的,所以孩子通常不会对此进行强烈的抱怨或反抗。

培养自制力的最后一点,也是最核心的一点,就是本节开头所提到的:自律的人通常都有明确的任务计划,并会按照计划严格执行。这样我们就可以尝试引导孩子制订学习计划,从各种短期计划开始,逐渐过渡到长期性的计划。

比如"今日作业计划",包括各学科作业的顺序安排、时长安排等;更长一点的可以是"本周复习计划",包括需要复习的科目、每门学科的复习点、每日复习的时长和内容等;再长的就是寒暑假学习计划等。不论哪种计划都要遵循一定的设计原则,比如按事情的轻重缓急来排序,把重要的、急迫的、需要耗费更多时间的排在前面,也可以把"不喜欢但应该做的"事情排在前面,把"喜欢但可以不做的"排在后面——这样做的好处是让孩子对学习之后的娱乐有所期待,同时又不会过于期待(根据"10分钟延迟法"的原则),从而确保前面的学习质量。

"秩序感"的建立对于培养孩子的自制力至关重要。秩序能让孩子更安心,让他们对接下来的学习、娱乐、放松有一定的预期。相反,如果没有计划,孩子会陷入"我每天都有学不完的东西""我没有时间玩"的焦虑之中,导致该完成的任务没有完成,玩也玩得不痛快。

总之,对于学龄阶段,尤其是小学阶段的孩子而言,"自制力"的培养主要体现在学习方面,其对学习的推动作用也相当明显。给予孩子自主权、让其主动远离"诱惑"、运用"10分钟延迟法"、确立"自我奖惩"措施、制订合理的计划,这些都是培养自制力的具体方法。在这一过程中,家长要与孩子一起确保每项措施执行到位,同时要有耐心、给予孩子强烈的信念,让他们相信自己并且期待自己的改变。

日常冥想训练：每天五分钟，增强自我控制力

科学研究发现，连续8周的日常冥想训练可以明显增加大脑灰质（与意志力和自控反应相关的区域），从而增强我们对自己行为和情绪的控制。我们每天不妨空出5分钟，带孩子做一次简单的冥想，让身心安静下来，这有利于孩子克服急躁情绪，学会自我控制。

主要步骤：

1. 找一个安静的角落或区域坐下来。

2. 闭上眼睛，开始深呼吸。可以引导孩子关注一呼一吸的细节，比如空气如何进入鼻腔、是什么温度、在身体内如何游走、给身体带来怎样的感受等。

3. 在脑海中想象一个平静但让人感到快乐的场景。比如懒洋洋地躺在草地上，在海边堆沙堡，走在空气清新的森林里，等等。通过想象不断完善这个场景，体会自己在这个场景中的心情。

4. 结束冥想，睁开眼睛。和孩子一起回想身体的感受，聊聊脑海中出现的画面。

不逃避：直面内心，勇敢担当

很多年前，我看过一个短篇科幻小说。在小说的开头，一艘来自地球的飞船"搁浅"在黑洞边沿。飞船上的人们想尽办法不让飞船被黑洞吸入，却又抗拒不了黑洞的引力，只能将其挂在洞口。

就这样，很多很多年过去了，飞船迎来一代代孩子的出生，每一代孩子都需要在长大后承担起让飞船重返地球的使命。而要完成这个使命，就要无所畏惧，并拥有敢于尝试的勇气。为此，船长想出一个测试孩子勇气的办法：让他们钻进一条长长的、黑暗的隧道，然后在无人帮助的情况下自己爬出隧道。隧道里什么怪物都没有，只有无边无尽的黑暗，而且孩子们事先也不知道隧道有多长。

有的孩子因为害怕根本不敢进去；有的孩子爬到一半哇哇大哭，只能半途出来。只有能克服对黑暗和未知的恐惧的孩子，才能最终爬出隧道，担当大任。

在这个故事里，"勇敢"是一个核心要素：不惧怕黑暗和未知，经得住漫长的探索，而且能够坚持到底。"勇敢"作为一种精神品质，其中包含两个层次：首先是"向内"的，是自我内心的无畏，比如不怕黑、不怕困难；然后是"向外"的，是敢于承担使命和责任。

在本书第四章讲述的内容中，迎难而上不畏惧、适应变化不脆弱、自我控制不"躺平"，其实都是"勇敢"的表现。而在这一节，我想讲述的是"不逃避，有担当"的勇敢。

当孩子小的时候，愿意承认错误就是"有担当"；当孩子上学后，主动接受任务并认真完成就是"有担当"；等到孩子长大成人，在职场上做事靠谱、不推卸责任就是"有担当"……无论男孩、女孩，"有担当"都能让孩子成为一个值得信赖的人，从而有利于建立更好的人际关系；同时，他们也能从对责任的理解和践行中树立远大的目标，从而获得前进的动力。

面向自我的"担当"

"犯错并不可怕，但要勇于承认错误。"这句话我们从小听到大，如今也常常会对自己的孩子说。可是很多家长没有意识到，这个看上去十分平常的要求，对于孩子而言却不容易做到。

我们回想一下：孩子三四岁的时候，常常会不小心打碎碗、弄丢大人的东西、把玩具搞得一团糟、偷偷溜出去玩……当他们犯了大大小小的"错误"时，家长和孩子的表现分别是怎样的？家长或许会生气，而孩子要么狡辩、要么大哭。这样一来，家长就会更生气，一再要求孩子认错、道歉，亲子关系由此变得很紧张。

事实上，我们必须相信孩子判断外界变化的能力，这也是他们要具备的生存能力之一。在孩子发现自己的行为导致了不好的结果之后，他就已经意识到自己"错"了，只是不知道如何做出适当的反应。

面对这种情况，我们不能第一时间就质问孩子：你是怎么回事？为什么这么做？现在该怎么办？这样就是在"强迫"孩子做出反应，而更好的方式应该是先严肃地指出具体错误所在，然后告诉孩子要吸取怎样的教训，由此干脆利落地结束这个"犯错"的场景。也就是说，对于学龄前的孩子来说，家长应该主动引导他认识到自己的错误，而不是强制其从形式上去"承认"错误（比如不走心地说一句"对不起"）。

随着孩子逐渐长大，自尊心也逐渐增强，他们往往会和大人争论，找一堆理由来为自己的"错误"开脱。比如某个孩子忘记做作业了，当家长或老师批评他时，他可能会找各种借口，如"因为我不会""没有人提醒我""作业太多了，没记住"等等。他当然知道"忘记做作业"是一个错误，但他不愿意直面这个错误，因为这说明他"不够用心"，还会使自己产生沮丧感或内疚感。出于"自我保护"的目的，孩子会下意识地逃避自己所犯的错误及由此导致的后果。

面对孩子的"逃避"，家长首先要意识到这是正常的，是心理上的正当"防卫"，也是孩子不知所措的表现：他们既担心犯错造成的后果，也担心随之而来的"惩罚"；既无法摆脱内心的愧疚感，也无法应对大人的愤怒情绪。当孩子争论、反驳、给自己找理由时，其实他们也是在寻求帮助，而不是要故意忤逆家长。

为此，家长可以按照以下"三部曲"的方式来提供帮助：

第一步，关心。问问孩子："做了这件事，造成了不好的后果，你是不是有点难过？"孩子可能会沉默不语，但没关系，他已经感受到了你对他的关心和爱。这是你们进行下一步沟通的前提。

第二步，思考。比如对于"忘记做作业"这样的错误，要引导孩子思考：是什么原因使自己忘记了？有什么办法可以提醒自己？这样做会让孩子明白，你是在就事论事，而不会因为他犯了错就把他定义为一个"坏孩子"，也不会因此而不管不顾地大发雷霆。

第三步，承诺。答应孩子，只要他愿意承认错误并下决心改正，家长就会和他一起承担事情的后果，而不会惩罚他。这是在引导孩子将关注点从"当下的错误"转变为"吸取教训"，让孩子在减轻心理负担的情况下尝试直面这件事。

从第一步"无条件的爱"为孩子打下心理基础、给予正能量，到第二步的"理性思考"让孩子摆脱浮躁与愤怒的情绪，再到最后的"承诺"表达与孩子站在一起的决心，这样，我们既能保护孩子的自尊心，又能引导他进行反省，这比罚站后让他心不甘、情不愿地说一句"对不起"更有效，更能赋予孩子直面错误的勇气。

除了"承认错误"，孩子面向自我的"担当"还体现在"言而有信"上。"言出必行"虽然是孩子从小就习得的道理，但在生活中未必能有意识地应用。最典型的例子莫过于孩子常说的"我再看5分钟电视就睡觉"，结果却是一个5分钟之后又一个5分钟，没完没了。这一现象的产生固然是因为"自制力"的缺乏，但还有一个更重要的原因是孩子不太清楚"承诺"的意义。

"说话要算话",这是一种广义上的"契约精神"。我们建立了这一规则后,就要遵守,否则规则就会失去其意义,秩序也将变得混乱。正因为如此,孩子从小就应当意识到:要对自己说的话负责,要兑现自己的承诺。

在这一点上,家长要以身作则,为孩子树立行为上的榜样,不要为了敷衍孩子而随意做出承诺,一旦承诺了就要做到。"等爸爸忙完这件事就陪你玩。"忙完了以后,爸爸却自顾自地躺着玩手机。"这周末一定带你去迪士尼!"到了周末却以"天气太热""人太多"为由拒绝出门……在这样的耳濡目染中,孩子会觉得做出承诺很容易,至于是否能兑现则不重要。无论是大人还是孩子,如果无法为自己说出的话、答应的事负责,那又何谈"担当"?

因此,作为家长的我们既要先做出表率,又要在关键时刻提醒孩子:在做出任何一个承诺之前,都要清楚它的意义、明确它的要求,在内心郑重其事地对待它。比如说好"再玩10分钟就回家",那就在手表或手机上设个闹钟,闹铃一响,承诺就要兑现。这种兑现承诺的压力应当来自孩子内心,而不是来自家长。

有时,孩子可能会试图"耍赖"。这就需要家长帮助孩子"强制执行",并且要向他强调:承诺是他自己做出的,家长只是帮助他兑现承诺。通过这样的方式,孩子就算不情愿,也已经意识到承诺本身的意义,并开始学着对自己说过的话负责——哪怕是"被迫"的。

自我担当的最后一点，也是非常难的一点，就是"直面内心"。这里的"内心"包括自己真实的想法、情绪、愿望。无论是孩子还是成年人，由于受制于外界的种种规定，对外界或其他人的反应有各种顾虑和担忧，因此在面对自己的真实心理或某些认知时，往往会不自觉地选择强行压制、改变或逃避。

比如，有些"望子成龙"的父母，花了高价为孩子买来钢琴、请来老师，并牺牲自己的娱乐和休息时间陪孩子练琴，即使孩子不喜欢弹钢琴也会逼着他练。当别人问孩子"你喜不喜欢钢琴"时，他会违心地回答"喜欢"。

在这个例子中，孩子刻意"扭曲"了自己的意愿，只因为他心里怀着对父母的歉疚感。但这样的"伪意愿"只会让孩子产生压力而不是动力，而且无法让他获得真正的幸福感和成就感。对此，家长应当允许并承认孩子有自己的"意愿"，并让这种意愿呈现出来，让孩子意识到有这种意愿是正常的，我们可以一起面对，以找到更好的解决办法。

喜欢玩，不喜欢学习？没关系，大部分人都这样。承认了这一点，我们才能想办法提高学习兴趣，让自己不抗拒学习。

不喜欢弹琴，喜欢画画？非常好，找到自己真正的爱好才能产生巨大的驱动力，让每一点努力都变得更有价值。

不想去人多的地方，总想一个人待着？没什么不好，毕竟每个人的性格不同。不妨好好享受你的独处时光，等你想要与人分享和交流的时候再去行动。

直面内心的意愿，就意味着不强行扭曲或改变真实的想法；直面内心的期待，则意味着不逃避令人失望的结果。有些孩子对做某件事的结果非常有"执念"，比如考试就一定要得高分，比赛就一定要拿奖。这原本是好事，可以激励孩子多下功夫；但如果过于在意结果，就会导致害怕失望，进而变得"不敢期待"。

比如，孩子明明已经复习得很充分了，还是忍不住对自己说：这次的第一名不可能是我，哪有那么容易的事；从赛场上下来感觉不错，但强迫自己不要"喜形于色"，而是反复告诉自己：比我厉害的人有很多，我可能一个名次都拿不到……这反映出孩子因为惧怕由失望带来的沮丧感，干脆就不敢抱有希望。这不利于孩子建立理性的自信，更不利于他们享受这种事情的过程和由此产生的乐趣。

面对孩子的"逃避"（逃避不好的结果带来的负面情绪，因而也逃避了因好结果而带来的正面情绪），家长应当引导孩子关注"当下"（比如考试前后、比赛前后）：当下你的感受如何？你的认知是怎样的？你觉得自己有没有做好？要让孩子充分体会到"期望"的作用：有了期望，才能行动。如果不敢期望、没有期望，行动就会丧失动力，反而真的可能不会产生好的结果。

总之，面向自我的担当，首先要承认和接受错误，并在此基础上改正错误；然后是言出必行，了解承诺的价值和意义；最后是不逃避、不扭曲，不做自欺欺人的"鸵鸟"，勇敢面对沮丧与悲伤，勇敢期待。

面向世界的"责任"

有时,我们会在媒体上看到这样的报道:某贫困山区的孩子很小就承担起家庭的重担,除了学习还要帮着做家务,照顾生病的家人。而与他同龄的城市里的孩子却过着"衣来伸手,饭来张口"的生活,每天只想着怎么玩。两相比较,我们会发现前者对于"家庭"有着强烈、自觉的"责任感"。在这种责任感的驱使下,他主动扮演了一个相对成熟的家庭成员的角色,分担了家庭的重担。

所谓"责任感",是指一个人对自己和他人、家庭和集体、国家和社会所负责任的认识和理解。[1]上一节中所讲述的承认错误、言而有信、直面内心都是对自己"负责任"的表现;而像山区孩子那样承担家务、照顾家人则是对家庭"负责任"的表现。等孩子长大开始独立生活后,认真工作、遵纪守法就是他对社会"负责任"的表现。

"责任感"并非与生俱来,而是伴随着孩子对自我角色的认知出现的。其实,每个孩子天生都是"利己"的:喝奶、睡觉、换尿布……吃喝拉撒都需要别人照顾,一不如意就哭闹,也不懂得体谅父母的辛苦……因为婴儿还太弱,所以他们的唯一目的就是先"生存"下来。

而随着孩子逐渐长大,他们开始意识到自己是身处于集体之中的,时刻都在与家庭、小区、学校乃至社会、国家产生关联,纯

---

[1] 王旭辉:《大学生诚信教育与社会责任感的培育》,《宁夏师范学院学报》2009年第10期。

粹"利己"的话将很难在集体中立足。此时孩子就要逐步学会"利他"，这也是责任感的萌发。

孩子"利他"的行为最初可能是出于"利己"的目的，比如在由自己负责的班级活动中主动帮助其他同学，以让活动更顺利地进行。随着"共情力"的提升，"利他"会变成一种更自觉且积极的行为。比如，在妈妈扫地时主动帮忙挪椅子、递垃圾桶，让妈妈干活更轻松。责任感的萌发、强化是一个发展的过程，家长对这方面的引导也可以从家庭开始，逐渐延伸到学校，再到社会，循序渐进、逐步展开。

家庭是孩子接触到的第一个"集体"，也是非常重要的一个"集体"。孩子对家庭的责任感正是其自觉承担对外界义务的开端。或许很多家长已经意识到，全家人"围着孩子转"的这种溺爱模式，非常不利于孩子建立对他人、对家庭的责任感。要改变这一状况，我们不妨从以下三个方面入手：

第一，学会对家庭成员表达爱和关心。"一屋不扫，何以扫天下？"责任感的建立同样需要从关爱身边的亲人开始。实际上，"知易行难"，这一点就连成年人都未必做得好。有些成年人对同事、朋友很友善，但对父母、孩子却态度恶劣。越亲近的人，越容易被我们忽略和轻视，正因为如此，孩子从小就要学会关心身边的亲人，这既是一种"将心比心"的回报，也是一种基本的责任感。

第二，意识到自己的言行对别人的影响。身处集体之中，每个人都是集体的一分子，我们的一言一行都会对他人产生影响。在课堂上大声讲话，会影响其他同学听课；在马路上追逐打闹，会导致汽车避让、交通拥堵；和伙伴们玩游戏的时候不守规矩，游戏就无法进行下去……当孩子认识到自己的行为会影响集体时，他们就会约束自己。

第三，让孩子参与到家庭事务中。共享家庭温暖的同时，也要共担家庭事务，这是我们让孩子参与家庭事务最重要的出发点。当孩子到了七八岁，有了一定的生活能力时，我们就可以适当让他承担一些家务，比如扫地、擦桌子、收拾碗筷、整理房间，或者帮忙拿快递等。能在成人的世界中被指派任务、被家长信任，这对于孩子而言是莫大的鼓励，也能在潜移默化中强化他们对家庭所负责任的认知。

孩子上学以后就进入了"班级"这样更大的集体，而有时也会被分到"小组"这样小一点的集体中。但无论是大集体还是小集体，都需要孩子明确并承担属于自己的责任。为此，家长在与孩子的日常沟通中要多留心，围绕学校里常见的情境来提醒孩子承担责任。比如，课堂上分小组完成任务，最后需要上台汇报。可是大家你推我、我推你，谁都不愿意去，这会导致任务无法完成。对于有难度的事情，孩子们可能会互相推诿，而且不觉得有什么不妥。这时就需要家长加以提点，鼓励孩子勇敢地站出来，肩负起汇报的职责。

再比如，孩子参加学校的合唱比赛，即使记不住歌词或曲调，滥竽充数也不会被人发现，但好好唱歌和表演是为了让集体的演出更出彩，这也是一种责任感。

家长需要向孩子强调的是，在集体之中，没有人是无足轻重的。我们既不要看轻自己也不要看轻别人，每个人都需要贡献自己的光和热，哪怕再微小也值得。

从学校进一步扩展开来，就是社会。对于孩子而言，大谈"社会责任感"非常容易流于空泛。因此，孩子需要建立一定的认知：认识到社会是丰富的、多样化的，有富人也有穷人，有强者也有弱者。我们生活在其中，能借助社会资源吃饱穿暖，这是我们的幸运，因而我们也有责任让它变得更好。

在此基础上，家长可以利用日常场景进一步深化孩子对社会的认知，激发其责任心。社会责任感既包括"应当做"的事，比如在路上帮老人拎东西，进入电梯帮其他人按楼层按钮等；也包括"不应当做"的事，比如看电影或演出时不要吵闹，参观展览时不破坏展品等。

除此之外，我们还可以为孩子提供参加公益实践活动的机会，最简单直接的形式就是捐书、捐衣物、捐文具等。家长可以指导孩子完成整理衣物和书籍、寻找捐赠接收地、打包发送这一系列环节，强化这一过程中的仪式感。有条件的家庭还可以选择各类长期或短期的资助项目，和孩子一起了解项目并做出选择；或者带孩子积极参与社区及其他机构组织的公益活动，担任养老院、图书馆的志愿者……通过这些方式让孩子更深刻地感受到自己的正能量行为为社会带来的改变，从而提升责任心。

具备责任感是孩子拥有更大的精神格局的起点，是他们实现更高精神追求的开端。从关注自我到关注世界，不仅仅是认知的改变与扩展，更是责任感的提升与强化。每一个孩子都需要从"关注自我"转变为"关注他人和世界"，并在这个过程中发展自身的能力，发掘自身的价值，同时以这种能力和价值去改变集体，从而让我们生活的环境变得更美好。

第五章

明"心"：
实现以幸福为目标的心灵完善

认同自己：点亮每一个"喜欢"

很多人经常会问："你喜欢做什么？"

当我们还是孩子的时候，这个问题的答案无外乎这么几种，如"喜欢画画""喜欢踢足球""喜欢看动画片"等。随着我们渐渐长大，这个问题出现的次数越来越少，代替它的是一个有点"类似"却又不太一样的问题：你有什么特别热爱的事吗？或者，××是你热爱的事吗？你是否找到了一生的热爱？

我们常常能从面试官那儿听到这样的问题；或者，在夜深人静面对自己的时候，这个问题会在耳边响起。对此，我们没办法再像小时候那样快速做出回答，或许还会发一阵子呆，然后欲言又止。

在2022年年初的北京冬奥会上，18岁的谷爱凌成为最受国人关注的明星运动员之一。关于她的大部分报道都提到这个年轻而非凡的少女对滑雪的"热爱"，她自己在访谈中也表示：支撑她一路走来的不是虚无缥缈的"天赋"，而是实实在在的热爱。

大家有没有发现，"热爱"目前已成为我们学习、生活和工作中的动力，"你要找到自己真正热爱的事情，这样才能坚持下去。""有热爱，才会有内驱力。""在热爱的事情上投入精力，才有可能成功。"当年乔布斯也说过："成就一番伟业的唯一途径就是热爱自己的事业。如果你还没能找到让自己热爱的事业,继续寻找,不要放弃。"

甚至,我身边有一位人到中年的朋友失落地表示:"我一直都没有特别热爱的事情,怎么办呢?我大概这辈子都一事无成了。"如果是这样,该让人多么遗憾啊!

让"喜欢"回归纯粹

我的这位朋友说自己没有特别热爱的事情,并且把"没有热爱"等同于"一事无成",这就好像是被"热爱"这个词给圈了起来。实际上,我们现在对"热爱"的定义因为一些鸡汤文和个别案例而变得有些狭隘——仿佛只有让你全身心投入、占满你全部的时间、"不疯魔不成活"的事情,才算是"热爱"。

在各种媒体和影视作品的视野里,这样的热爱往往专属于某个不世出的天才或是令人惊叹的牛人,比如谷爱凌、乔布斯等。但这样的"热爱"如何被复制到普通人身上呢?尤其对于孩子而言,"热爱"这个词实在是太大了。我们不妨把这个大词换得小一点,换成"喜欢"。

你喜欢做什么?

做这件事让你很开心,一提到它你就会忍不住两眼放光;做这件事让你很专心,听不到父母喊你吃饭;做这件事让你自得其乐,那些在别人看来有点无聊的事,你却觉得很好玩……这就是"喜欢"。最重要的是，你喜欢做的事，一定会让你无比享受做事的过程，而不只是结果。"不过分在意结果"正是"喜欢"的标志之一。按照这样的标准，我那个说自己"没有热爱""一事无成"的朋友，其实喜欢做的事还是挺多的——他喜欢修东西，喜欢捣鼓电子产品，还喜欢一个人发呆，静静望着窗外出神……

也许很多人会问：喜欢这些有什么用？考试能加分吗？能创业赚钱吗？参加比赛能拿到名次吗？……很多家长会抱怨，自己的孩子什么都不喜欢，就喜欢玩。这样一来，"喜欢"这种行为本身也被分为三六九等——喜欢读书、喜欢编程就高级，喜欢玩、喜欢发呆就是"没用"。之所以有这样的区分，是因为我们将"喜欢"和"有用"强行捆绑在了一起，将所有不能带来收益（升学、赚钱、成名）的爱好归结为"没有价值""不值得去做"的那一类。

韩裔德国哲学家韩炳哲在《倦怠社会》一书中指出：我们这个社会的成人和孩子，不是太无聊，而是太忙。忙着工作、忙着充电、忙着上各种课外班，这使得我们的精神一直处于高度紧张却涣散的状态，让我们不能容忍"无聊"。但是，"深度无聊恰恰对于创造活动有重要意义"。作家余华在回忆童年生活时也曾提到，小时候他无书可读，唯一能找到的就是一些内容残缺的小说。于是，他常常躺在床上胡思乱想，给这些没头没尾的故事编出各种各样的结局。

让喜欢回归纯粹，就是剥离它被强行赋予的功利性——允许异想天开、允许胡乱涂鸦、允许孩子做一些自得其乐的事。我们需要相信的是，每个人都有自己喜欢的人和事。喜欢并没有高门槛，不要用大词来吓唬和束缚自己。更重要的是，家长的接纳和包容会让孩子的喜欢开出花朵。从放下功利的喜欢开始，孩子会被引向他终将要去往的地方。

"喜欢"自测表

孩子到底喜不喜欢做一件事？是真心喜欢还是仅仅为了应付家长？如果你需要一些"指标/现象"来帮你判断，你可以参考以下问题，与孩子来一番轻松但具启发性的沟通：

⊙作业做完了，被允许自由玩耍的时候，你会选择做什么？

⊙一想到要做那件事的时候，你会比较开心？

⊙做这件事时被打断了或是遇到了困难，你是否想继续做下去？

⊙没有父母、老师或同伴的认可、赞扬，你也愿意做这件事吗？

⊙做什么事情的时候你会比较专心，都听不到别人说话甚至呼唤你？

⊙在无法求助他人的情况下，你会自己想办法把这件事做得更好吗？

符合三条以上的那件事，你一定要鼓励孩子坚持下去。它有可能就是孩子现在的"喜欢"，将来的"热爱"！

鼓励多元探索

对于成年人而言，找到并认同自己的兴趣并非易事，因为我们被太多功利的目标遮蔽了双眼，就像我那位朋友一样。但是，孩子却不一样。大多数孩子天生兴趣广泛，因为在成长初期，大脑发育的需要会促使他们去接触、去了解尽可能多的事物，以丰富多样的外界刺激促进自身神经元的发展。

但是，正如从小到大孩子的身高、样貌都会发生改变一样，兴趣同样会变。有的孩子小时候喜欢溜冰，上学后又喜欢游泳了；有的孩子愿意画画，家长买了画具，报了课程，他又不喜欢了，想要去搭乐高……我们往往会认为这类孩子"心不定"。殊不知，"不定"和变化都是成长的一部分。除了少数"天选之子"，大部分孩子都无法从一开始就明确知道自己的喜好。因此，不断尝试又不断取舍，不断探索又不断反思，最终找到自己真正喜欢的事情，是孩子童年和青少年时期最重要的功课之一。

除了帮助孩子认识自我，多元探索还具有另一重意义：它可以帮助孩子建立通识背景，激发孩子的跨界思维。新锐作家陈春成写过一篇关于音乐的小说，其中对于音乐感受的描绘令人惊艳，但他本人却表示自己并没有特别专业的音乐素养，只是具备音乐通识。

进行多元探索，家长一定要给予支持，这不仅仅是指花钱报班，或者强行"塑造"一个爱好，更重要的是观察、支持、包容、引导孩子进行各种探索与体验，并且积极地同他展开讨论。直到孩子无须刻意鼓励或外在奖励也愿意去做这件事时，他就找到了自己的热爱。

> **"兴趣班"如何取舍？不妨试试以下几招：**

看：

⊙ 上课前或去上课的路上，孩子是否会表现出快乐和期待的心情？

⊙ 下课后孩子会兴奋谈起课程内容、继续课堂上没有完成的活动，还是闷闷不乐、无精打采？

⊙ 闲暇时，孩子是否会主动探索兴趣班上的活动或内容？

⊙ 在认真学习一段时间后，孩子是否有了明显的进步？（通常来说，天赋）

听：

老师认为孩子在课堂上的表现如何？是积极投入还是心不在焉？（注意：这里无须聚焦于孩子的"收获"，只关注态度即可。）

问：

问问孩子，如果不去上这个兴趣班会怎样？在课堂上做什么最开心？如果把几个兴趣班按喜好程度打分排序，会是什么结果？

当然，经济因素、距离远近等也应在考虑范围之内。只是，你无须把"是否有助于升学？""能不能在亲

> 戚面前炫耀？"等问题考虑进去。等做完以上这一系列步骤，把答案写在一起，相信你就能做出明智的选择了。

"万金油"的幸福感

在一般情况下，"兴趣广泛"算得上是一个褒义词；但在当今的教育环境下，"兴趣广泛"的含义已悄悄被拔到"全能高手"这样的高度了。像谷爱凌那样，学习、运动样样出色，才能称得上是兴趣广泛，否则充其量只是"万金油"——什么都会，但什么都只是"略懂"。

有明确的热爱方向、有因为热爱而产生的强大自驱力，这类孩子很容易在某方面取得一定的成绩，从而成为一名出色的专才。但一个兴趣广泛却不突出的孩子呢？难道就真的只是平平无奇的"万金油"？

我父亲有一个好朋友，是一位享誉海内外的雕塑家。他的作品传遍五湖四海，赢得了极高的赞誉；他本人却性格内敛、不善言辞、不好交际，数十年来始终倾心于自己热爱的雕塑事业。因热爱而激发才华，继而收获成功，可以说这位雕塑家是这方面非常典型的例子。而与他形成对比的是我父亲，我父亲出身于文学世家，却进了建筑行业。因为家庭的影响他从小就读了很多书，会吹笛子，会眉飞色舞地讲故事，所以无论是家人、朋友还是工作上的伙伴都很喜欢他。

不过，有一回雕塑家谈起我父亲，言语间充满了遗憾："你爸爸挺可惜的，人很聪明，却不够专注，就像万金油。"而实际上，在身边人看来，父亲一直是一个博闻广识、乐观风趣的人。他称自己是"万事通"，经常带着孩子们看星空，给他们讲远古的神话，还教我们对着身边的事物画速写。在那个没有电脑和网络的时代，他还会想出各种游戏来举办一个小型生日会，别出心裁地搞家庭谜语大赛，气氛热闹又欢乐……有他在的每一天，日子都是活泼有趣、充满生机的。

如今我已为人母，我当然也希望自己的孩子能找到自己的热爱，不辜负天赋的才华，收获现实意义上的成功；但通过我父亲的事例我又清晰地看到，一个没有自己特别"热爱"的事情却兴趣广泛的孩子所具备的无可替代的优势：

首先，对于这样的孩子而言，生活乐趣无处不在，他永远不会觉得空虚无聊。乐于探索的欲望、对万事万物的好奇心，都将推动他去发现、体验世界的纷繁多彩。其次，广泛的兴趣往往意味着更强的同理心和理解力，更容易使孩子建立良性的人际关系。最后，一个兴趣多样的孩子也许不能做到样样擅长，但他一定会热爱生活。而生活的无限可能也将给予他更平和的心态，更乐观和积极的人生态度。

有趣、有朋友、乐观积极，这样的孩子有可能会为一个普通但幸福的人。在这个充满焦虑的时代，这难道不是一个值得我们追求的美好目标吗？

理性"谈情":学会爱与被爱

我们似乎是一个羞于谈爱的民族,但翻开两千多年前的《诗经》,我们就会发现,无论是亲子之爱、男女之爱、兄弟之爱,都是那么活泼、生动、鲜明而直接。一个有爱的社会是"老吾老以及人之老,幼吾幼以及人之幼",一个有爱的家庭则是父母慈爱、孩子体贴、家人共享天伦之乐。

"爱"是人的本能和基本需求。一个幼小的孩子,无论性格如何,对于爱都是十分渴求的:拉着父母的手不让他们去上班,晚上要妈妈陪着睡觉,喜欢和小伙伴一起玩……童年时期健康、积极的爱与被爱,是人生幸福感的来源,也是克服一生所面临的挑战的心理能量之源。

但"爱"也是需要学习的,这是关系到孩子成长与成熟的重大课题。有许多人在成年后因为扭曲的亲情、卑微的爱情、纠结的友情而痛苦,这在很大程度上是因为他们在孩提时代没能处理好"爱"这个问题。学会爱与被爱,这是家庭教育中相对独立的课题,需要父母和孩子共同学习。

家长如何爱孩子

这个话题已经是老生常谈,那我们就换个角度,先来看看大家习以为常的言行有哪些其实并不是真正在"爱"孩子。

1. 担当孩子生活中的绝对"主宰",安排孩子的一切行为与日程,从穿什么吃什么,到学什么玩什么,事无巨细都替孩子安排妥当。

——这与其称之为"爱",不如定义为"控制"。爱的第一要义便是尊重对方的意愿,不管是成人之间的爱,还是亲子之间的爱,都是如此。以"你还太小不懂事"为由,全权为孩子做主,这并不是关心和体贴,而是在满足家长自身的控制欲,长此以往只会让孩子成为丧失自我意识、缺乏生活自理能力的"巨婴"。

2. 传说中的"虎妈狼爸",对孩子要求十分严格,不能容忍孩子犯错和哭闹,笃信"现在的辛苦都是为了将来能收获幸福",并把自己的行为定义为"为你好"。

——这样的父母在不少"学霸"家庭里能看到:也许他们的孩子的确出类拔萃,但脸上却没有快乐的表情。过度"鸡娃"的行为至少有两方面的缺点:一是,看不到错误或失败的意义,将"成功"与"完美"等同起来;二是,目光过于长远而容易忽略当下。对于孩子而言,放松、快乐、能感受到温情与理解的每一天都是很重要的,因此我们不能为了一个充满变数的未来而不顾孩子当下的美好与自足感。

3. "苦大仇深"型的父母,总是喜欢对孩子说"我赚钱那么辛苦，你还不乖""我每天花钱供你吃喝玩乐，你学习还这么不争气"。

——这样的做法容易让孩子产生"负罪感"，而感受不到父母的爱。父母刻意强调的辛苦让"被爱"这件事变得让人内疚，甚至会使孩子在进入青春期后对自己生活和生存的意义产生怀疑。

那么，我们到底应该怎么爱孩子呢？亲子之爱，既要温情也要理智，既是一种关怀也是一种督促。对于孩子而言，这份爱应当成为他们成长的动力，无论何时何地都能带给他们最深的慰藉。想要给孩子这样的亲子之爱，我们需要记住以下几个关键词：

无条件：这是一条最重要的原则。父母对孩子的爱，不应附加任何条件。这份爱的深挚与持久，和孩子的成绩好不好、行为乖不乖、长得好不好看都没有关系。父母不但自己要意识到这一点，更要将其传达给孩子。在孩子沮丧、绝望、难过的时候，父母要告诉他："爸妈爱你，支持你。"在每次批评完孩子之后，父母要告诉他："即使你犯了错，我们依然爱你。"

勤表达：国外的父母对于自己的孩子，常常会将"我爱你"挂在嘴边；而我们完全可以用适合自己的方式来表达——最重要的是"表达"，而不是用何种方式。一句关心的话、一个温暖的拥抱、一个美好的微笑，都是表达；与之相对应，丢下孩子自己走开，在孩子哭闹时露出厌恶的表情，这也是表达，孩子是能感受得到的。父母千万不要陷入"我不说，但我心里爱你"这样的自我感动中，对于天真而直接的孩子来说，"爱"要通过言语和行动体现出来。

一个时常能感受到"爱"而不是"服务"（比如为他做饭、帮他洗衣服）的孩子，会更快乐、更有安全感。

有分寸：这就是近年来心理学家们经常提到的"边界感"。作为家长，我们要尊重孩子的选择、意愿，包括生活空间，不要试图强行控制和改变孩子。比如，不"偷听"孩子与同学的聊天，给予孩子一定的生活自主权，适当允许孩子参与大人的讨论，等等。来自父母的"尊重"将会让孩子学会"尊重"，并享受这份尊重，从而帮助孩子建立良好的自尊心。

适当满足："得不到的永远在骚动"，这句歌词暗含着一个简单的心理学道理：越是得不到的事物，越能激发一个人的欲望；反之，如果我们对某个事物的渴望得到了满足，那就很难再有强烈的需求欲了。这就是为什么我主张在家长的经济能力范围内、在生活的诸多小事方面，不妨满足孩子的需求。

我身边有这样一些孩子：由于父母一直不允许他们吃甜食，从小到大他们都没喝过可乐、没吃过巧克力。终于有一天父母不在家时，他们有机会吃巧克力了，结果控制不住一直吃到拉肚子。

在孩子看来，一些小小的生活愿望的满足，代表了父母对他最深切的爱。只要在自己的经济能力范围内，且不涉及原则性问题（比如严重影响身心健康），我们都可以通过"适当满足"孩子来向他表达爱，使他拥有幸福感。比如，如果孩子想要一套游戏卡牌，希望在学校和同学们一起玩，那父母不妨买两套不同的卡牌，让孩子可以和更多的伙伴交流。

"适当满足"不是"溺爱"，因为我们需要向孩子解释清楚为什么会满足他的愿望，在什么情况下又不能这么做。有理有据的"满足"，有规则的"不满足"，正体现了爱的平衡艺术。

如何让孩子爱自己

在我们一贯所受的教育里，"爱他人"无疑是一种美德，而"爱自己"却常常被忽略。心理学家艾里希·弗洛姆说过："爱是承认自身价值，保持自己尊严和个性独立的支柱。"这里的"爱"指的就是对自己的爱。

"自爱"不等于"自恋"。"自恋"是对自己的过度关注、过分认可，以致看低外界与他人；而"自爱"是对自己的关心、理解、尊重、体贴，做自己的守护者，而不是与他人一较高低的攀比。

学会爱自己，首先就要学会尊重自己。"自爱"的前提是"自尊"。实际上，孩子对"自尊"的认知，最初是从与他关系最亲密的父母那里获得的。其中的道理很简单：当父母尊重孩子时，孩子就能体会到自身的尊严感；相反，父母忽视、轻视孩子，孩子就会看不到自身的价值，也就毫无尊严感可言。

正因为如此，培养和建构孩子的"自尊"，第一要义就是从家长的角度出发，避免简单粗暴地对待孩子。何为"简单粗暴"？比如以下几种不恰当的做法：

迁怒：常常把工作或社交中的坏情绪带到亲子关系中，这会导致孩子认为自己就是父母的"出气筒"，从而产生强烈的逆反心。当然，家长平时工作繁忙、辛苦，有时难免心烦意乱，此时如果孩子再不听话，就很容易控制不住情绪。遇到这种情况，家长不妨把孩子当作大人，坦诚地告诉他："对不起，我今天比较累，心情不太好。"这样做既可以唤起孩子的同理心，更能明确地表达自己对孩子的尊重（说明理由并道歉），比大家各自发火、怄气要好得多。

忽略： 当孩子兴致勃勃地讲话时，家长不耐烦地打断他；当孩子喜滋滋地分享某件事情时，家长心不在焉地听；当家里做出某些日常的决定时，家长不询问孩子的意见……这些都是"忽略"。家长忽略孩子的表达、愿望、诉求、情绪，会让他们觉得自己并"不重要"。

颐指气使： 认为家长有天然的权威，孩子无论何时、何地、何种情形下都要"听话""服从"。家长在行为、态度、言语上的居高临下，只会逼得孩子"走极端"，变得卑微或叛逆，从而难以建构大方得体的尊严。

以家长的身份来尊重孩子，首先就是要尊重孩子的感情、想法和需求。哪怕其想法幼稚、情绪化、需求不合理，我们也要首先表示尊重和理解，再提出调整建议，不要一上来就否定，这会让孩子感到你根本没有理解他说的话。尽量用"沟通"而不是"命令"的语气与孩子对话，让他明确感受到来自父母的尊重，这是建构"自尊"的前提。

尊重孩子，更多的还体现在生活细节之中。不要总念叨"小孩子懂什么""小孩子一边玩去"，对于孩子而言，这些都是伤人于无形的话语。他们也渴望帮忙，渴望融入更大的世界，渴望与父母交流、被父母理解。实际上，学龄前后的孩子已经开始建立自我认知，他们最不想被看作是"幼稚的小孩"。

对待这一时期的孩子，要像对待成年人一样：当孩子提供了帮助时，我们要说"谢谢"；如果我们误会了孩子，就要说声"对不起"。让孩子充分感受到"被尊重"，进而使其认识到"我值得被尊重"。

有自尊，才能自爱。和建构自尊一样，孩子学会"自爱"，一开始也是从家长那里开始的。家长应该把目光聚焦在孩子的优点上，引导他们发现自己的长处，而实际上我们往往是"反其道而行之"，将孩子的缺点、短处常常挂在嘴边。这固然是为了鞭策孩子进步，却不利于孩子建立自信与自爱。

当我们尝试换一种更积极、更正向的眼光来看孩子时，我们不仅会立马感受到自己心态的变化，也会因此而感受到孩子的变化。

在房间的墙上乱涂鸦了？可是这些图案很有想象力！

把积木玩具弄得满地都是？可是搭出来的城堡很有创意。

一篇作文涂涂改改、乱七八糟？可是仔细一看，故事还挺精彩！

家长可以从这些日常的小事开始，让孩子体会成就感，体会因被认可、被鼓励而获得的愉悦感。看到自己的闪光点，正是孩子"爱自己"的开始。

随着孩子慢慢长大，面临的任务越来越复杂，要应对的问题越来越多，他们不可能事事都做到完美。在每次犯错或失败后，孩子应该学会通过反省来总结经验教训，而不是苛责自己。这就是学会

"自爱"的第二个关键点。

不因为一次失败就全面否定自己，不因为某一方面技不如人就自暴自弃，接纳自己的缺点（包括身体、样貌），接受自己的个性，这些都是"爱自己"必不可少的要素。对此，家长可以自己为例，告诉孩子：父母爱你与你爱自己是一样的，是无条件的，是爱你本来的样子，哪怕你有一些缺点，我们也同样爱你。我们爱的是你，而不是一个表面看上去完美无缺的小孩。

最后，"自爱"体现在具体的行为上，就是"保护自己"，这包含两层意思：一是"不让自己受到伤害"，比如不去危险的地方、不参与打架斗殴或无意义的争吵等；二是"不做伤害自己的事"，比如不熬夜玩游戏、不随意报复他人、不逃学旷课等。我们需要向孩子强调的是，这一系列的"不"实则是对自己的呵护、关爱。每一个孩子健康快乐地长大，既是对自己负责，也是对他人负责；既是爱自己，也是爱父母。

难以回答的问题：长得好看的人往往更有优势，这公平吗？

可能的问题：

Q：长得好看的人总能得到更多奖励，老师、同学也更喜欢她，这公平吗？

Q：我可以通过整容让自己变得更好看吗？

> **参考回答：**
>
> 1. 直面、肯定这一现象，不遮掩、不回避
>
> "爱美之心，人皆有之"，长得好看的人更受人喜欢，这很正常。
>
> 2. 辩证思考
>
> 长得好看真的就能一直顺风顺水吗？在当今社会，一个女孩长得很漂亮，她可能就会将此作为自己的资本，而不再努力上进，因为身边总有人会因她长得好看而帮助她。但等她年纪大了，美貌不再的时候，她就会失去立身之本。由此可见，习得的技能才会让我们受用一生。
>
> 3. 探究"爱美"与"自爱"的关系
>
> 我们的身材、样貌是天生的，缺点、优点也是并存的，无论什么情况下，我们都要爱自己。爱自己，就是接纳自己的一切，不做有损身心健康的过度改造；爱自己，也要看到个性之美，不要为了迎合外界或他人的喜好而丧失自己的独特性。

如何让孩子爱他人

对于"爱"这种感情，孩子最初是通过父母或身边照顾自己的人体会到的。孩子首先要感受到他人对自己的爱，然后才会主动去爱他人。一个从未感受到爱的孩子，是不知道如何爱他人的。

孩子爱父母和其他家人，一开始是基于生存的本能，后来逐步

发展为对父母和其他家人爱的"回馈"：因为接收到了爱，所以想要对此做出积极的回应。由此可见，以爱回报爱，在爱中学习爱，这正是孩子学会爱他人的重要路径，最有效的引导方式就是父母的言传身教。

我女儿脾气急，常常因为做不好一件事而失去耐心。每当这个时候，我总是温柔地鼓励她："不要着急，一着急就会心烦意乱，事情就更做不好了。"后来有一次，我因为某件事非常着急，女儿也在旁边拍拍我的肩，对我说："妈妈你不要着急，慢慢来，着急就做不好事情。"

这是一次宛如镜像般的场景重现，孩子纯真质朴的天性会驱使他从周围的人与事中学习，再以同样的方式去对待周围的人与事。有不少人成年后在情感沟通与表达上遇到障碍，这主要是因为他们不曾生活在一个通过恰当的方式向他们表达爱的家庭中。父母彼此相爱、孝敬老人、尊重和关心孩子，这本身就是对孩子最好、最重要的爱的启蒙。

关系孩子一生幸福的情感，主要包括与家人的亲情，与同学、朋友的友情，以及与终身伴侣的爱情。其中，让孩子学会爱家人，关键就在于让他们学会关心和帮忙，意识到自己是家庭的一分子：家人的身体状况、家里的环境卫生，甚至家庭面临的问题都与"我"相关。

为此，作为家长，我们要为孩子创造一定的表达和行动空间，而不是完全将其视为"被保护者"的角色，让他们与家庭"绝缘"。适当地告知孩子家里的实际情况，并允许和鼓励孩子参与到家庭活动中，这就是在为孩子对家人的爱开拓渠道，让他们得以通过一定的方式来表达爱，并获得帮助家人、支持家庭后的成就感。

比如，我们可以在以下生活场景或细节上提醒孩子做出相应的行为，让他们体会到亲情带来的心灵联结：

家人生病或不舒服时，鼓励孩子主动去表达关心，递水递药；

家人情绪不佳时，和孩子一起想办法转移对方的注意力或者逗对方开心；

家庭遇到事情需要商量时，可以召开"家庭会议"，请孩子旁听并提出建议；

在遇到一些小事情时主动寻求孩子的"帮助"，并"刻意"强调这种帮助行为所具有的意义……

通过这一系列日常强化，我们可以让孩子体会到：关心与帮助，正是爱作为一种"行动"的核心要义。从亲情到其他各种情感，"爱"的内涵和外延将不断扩展，而"关心与帮助"是孩子能够理解并接受的起点，是他们学习"爱"的开始。

等孩子长大进入学校后，他会在一个与家庭截然不同的场景下学习爱同学、爱朋友，感受"友情"带来的快乐。此时孩子要进一步认识到，相对于"亲情"，在"友情"方面需要关注以下几方面的要素——从这些方面入手，孩子将逐渐学会如何"爱"同学和朋友。

第一，分享。分享有趣的、开心的事，也分享难过、令人沮丧的事。"分享"是强化友情最有效的方式。如果我们愿意和某个同学、朋友分享某件事，就说明我们之间有足够的信任、有共同语言和一定的同理心，而这些正是友情的基础。

第二，支持。所谓支持，也就是"互相帮助"，这是友情所具备的正向、积极的价值，单方面的关怀与帮助是无法建立"友情"的。英国作家王尔德在《忠实的朋友》这个童话里曾做过精彩的讽刺：故事里的磨坊主处处占"朋友"小汉斯的便宜，拿走他的粮食和花朵，还宣称"好朋友之间就是要共享好东西"；而当小汉斯遇到困难时，磨坊主却袖手旁观，还理直气壮地表示"不要去打扰对方"。家长可以向孩子讲述这样的童话并启发他思考：朋友之间的帮助应当是怎样的？当自己的朋友遇到麻烦时，我们应该怎么做？

第三，包容。具体的表现就是不轻易生朋友的气，懂得原谅朋友。让孩子做到这一点可能比较困难——他们更容易出现的状况是：动不动就生气，但很快就会过去。家长可以在孩子生气时，提示他反省这样的生气有无必要，而且不要在小事情上斤斤计较。接下来，家长需要鼓励孩子"主动"去原谅，而不是"被动"地等事情过去。

"主动"原谅就是将关注点放在朋友做得好的地方，而不是放在对方的错误上；同时，不要太在意道歉的形式。曾有孩子问我，朋友弄坏了她的东西却没有道歉，后来又来找自己玩，自己该不该原谅？我的回答是：如果你想要对方的一句道歉，可以明确提出来；如果对方一直没有在言语上道歉，但在行动上做到了知错就改，并且表达出想要和好的愿望，那就不妨原谅他。毕竟，"对不起"三个字不过是形式，不必太在意。

在人生之初，孩子因亲情而获得滋养；在成长过程中，孩子因友情而获得陪伴与助力；而贯穿一生时光的重要情感还包括爱情。我们的民族和文化对过早谈及爱情总是讳莫如深，至今依然如此。而实际上，随着时代的变化和信息获取途径的多元化，现在的孩子在小学的中、高年级阶段，已经开始接触和感受爱情。与其藏着掖着不谈及爱情，不如坦然大方地教他们初步了解乃至适时开启人生这至为重要的一课。

孩子最早模糊体会到"爱情"多半是从父母那里：父母之间的亲吻、拥抱，父母同床共枕，这样的现象会让孩子对人类这种特殊而美好的情感心生好奇，他们会忍不住模仿甚至会主动寻求。

而随着性别意识逐渐明确，尤其是在小学阶段，孩子对异性的态度开始变得"复杂"：有时候将对方当作朋友，一起玩一起闹；有时候又会将对方看作是"欺负对象"，总想干点"坏事"，逗对方生气、发火甚至大哭。这其实是孩子在探索性别之间的界限，以及与异性相处的分寸，一方面代表了他们对异性的"兴趣"，另一方面也体现出他们在这个阶段的"不知所措"。

对此，家长必须意识到，我们对爱情的态度直接决定了孩子对爱情的态度：是大方还是羞耻？是开心还是难过？是可谈、可说、可讨论的，还是遮遮掩掩、难以开口的？父母要以身作则传递给孩子的，应该是对"爱情不可耻"的明确认知。父母之间的亲吻和拥抱完全不必避开孩子，当孩子表示好奇和有疑问的时候，父母可以坦率地告诉他这是爱的表现，是夫妻之间向对方表达爱意的方式。

在此基础上，我们不妨通过对一些动画片、影视作品的讨论，引导孩子树立正确的爱情观，其核心主要有三条：

第一，我们对彼此的爱与喜欢，需要建立在互相了解的基础上。缺乏了解、只重表面的"爱"是短暂易逝的。《美女与野兽》中的贝儿之所以被"野兽"打动，并不是因为她知道野兽是个英俊的王子，而是因为通过深入的接触，她感受到野兽有一颗善良多情的心，从而被深深打动。

第二，健康、积极的爱情将促使我们不断完善自我，让我们在保留自己个性的同时不断变得更美好，而不是更糟。真正的爱情，其实包含了亲情的依恋与关心、友情的理解与支持。它是一种积极向上的精神力量，让我们渴望成为更好的自己，也为对方创造更好的生活。

第三，爱情需要一定的物质基础，但爱情不因物质而产生，也不应该以物质为目的。无数生活事例已经证明，以物质条件为前提的"爱情"实际上不是一种感情，而是一种交易，无法为我们带来愉悦温暖的体验。作为"感情"的一种，"爱情"应当是没有功利性的；但作为一种"生活方式"，"爱情"（结婚）确实需要相应的物质条件作为基础。

无论是亲情、友情还是爱情，对于孩子的身心健康都有着深远的影响，甚至会在一定程度上决定他们成年后的人生如何度过、人生的幸福感是否充足。对于孩子而言，学会爱与被爱，是和学习语文、数学等学科知识同等重要的事。他们需要在这几段关系中去体会温情，建立自信，深刻认识爱的本质——相互理解、相互帮助、彼此关心、最大程度的包容和原谅等。

用绘本和孩子"谈谈情,说说爱":

《黑兔和白兔》(加思·威廉斯)

绘本对于"结婚"这件事有着充满诗意的描述,如"爱你就是想和你在一起",一起玩耍,一起生活,一起思考和创造未来。

《亲爱的小鱼》(安德烈·德昂)

讲述了一只猫和一条鱼之间无限温暖而伤感的爱,所呈现的是关于爱的永恒真谛——真爱就是给你自由。

《鳄鱼爱上长颈鹿》(达妮拉·库洛特)

关于爱情启蒙的经典绘本,讲透了"不般配"的外表下双方对于爱的探索与追求,以及"尊重"之于爱的意义。

《好好照顾我的花》(郝广才)

这是一个情节简单却内蕴深刻的故事,讲述了在身边的人给予你爱和照顾的时候,我们也应该学着回馈对方,懂得感恩和回报。

寻找意义：激发人生的动力

德国哲学家海德格尔说过，我们都是向死而生。这是一种生命的"倒计时"：从出生的那一刻起，我们就开始了"死"的过程，直到真正走向"亡"这一终点。

既然如此，生命的意义何在？找不到这一意义，我们就是被动地在"生存"，而不是主动地"生活"；找不到这一意义，我们的行动就会丧失起码的动力。

婴儿刚出生时，一切自主行为的动力来自"生存"，也可以说是本能；随着孩子慢慢长大，很多行为的动力则来自寻求"乐趣"。比如孩子会故意调皮捣蛋，把碗里的东西倒在桌子上，只是觉得好玩。这也就是为什么在孩子的启蒙期或早教期，我们需要让学习这种相对"无趣"的事变得有趣，才能激发孩子的兴趣，促使他去学习。

随着孩子上到小学高年级以及初中，进入青春期，他们除了因为觉得"有趣"而去做某件事，也开始了有意识的对"意义"的追求。

什么是"意义"？积极心理学之父塞利格曼认为，追求生活的意义就是"用你的全部力量和才能去效忠和服务于一个超越自身的东西"。也就是说,"意义"在很大程度上不是"获得"什么,而是"给予"什么。比如,孩子吃了一块很好吃的蛋糕,这是享受;把蛋糕分给其他孩子,让大家都感到快乐,这就是"意义"。

除此之外,我们在生活中常常讨论的"意义",本质上是一种"价值"。那些在你看来重要的、值得去努力的事,往往就是你认为有价值的事。比如,科学家一生致力于科学研究,把研究工作看作是人生唯一的目标;探险者深入各种危险地域,从征服险境的过程中实现自我价值……

我们的传统教育一贯重视意义。在儒家思想体系中,作为个体的人与作为集体的国家、民族是紧密相连的,因此,求学的意义、修身的意义,乃至生命的意义都被纳入了宏大的价值观之下。而在这里我们要探讨的,是更人性化、个性化的意义。我希望孩子们以这种个性化的意义为动力,去发现和追求属于自己的幸福,而不是父母、亲人、朋友、老师心中的幸福。

在日常生活中寻找意义

一个从事儿童创造力教育的朋友告诉我,她认识一个从小到大都是优等生的"别人家孩子",一路顺风顺水进了顶级名校,没想到最后却成了无用之人,整天不是旷课就是睡懒觉、打游戏。朋友曾问他:"你就打算天天这么混日子?对未来有什么计划吗?"那孩子一脸茫然,答不出来。

他当然答不出来。这个孩子的所谓"学霸"之路不过是"被迫"完成的一项任务，他从来没有试图探索和发现学习的意义、奋斗的意义。等到终于进了名校，"枷锁"一松，"意义"成空，人生便不可避免地走向了虚无。

在充满迷雾的人生旅途中，"意义"的存在犹如一束光，让我们不至于迷失方向；当"向死而生"的过程变成我们不可承受的任务时，"意义"就像是奇特的引力，让我们可以脚踏实地、安心从容地度过一生。正因为如此，在孩子成长的最初阶段，我们需要引导他们在日常的生活中去发现和体会意义，具体可以从以下三个方面来尝试。

第一，对于行动的意义加以解释，引发讨论

孩子天生就具有强烈的好奇心，他们不只想要知道太阳为什么会东升西落、大海为什么是蓝色的，随着年龄慢慢增长，他们同样想要知道我们为什么要拼命学习、大人们为什么要每天上班。当孩子把关注的目光从"自然界"转向"人世间"时，他们就成为追寻"意义"的独立个体。这时家长要避免"只下命令、不做解释"的军队式作风，主动对行动或事情的意义进行解释：

比如"为什么我们上完课还需要做作业？"——因为需要巩固知识，防止学了就忘；"为什么我们要尊老爱幼？"——因为老人和孩子相对较弱，而尊重弱势群体是社会文明的体现。对于一些文明的价值标准，也不要填鸭式地灌输给孩子，不妨以此为话题与孩子展开讨论，这样更有利于他们积极开动脑筋，主动探索意义。比如，"每个人都应该爱国吗？""全职妈妈的意义和其他职业的一样吗？"……

第二，强化孩子与人或事之间的连接

心理学家认为，"意义的本质是联系，当两个看似毫不相干的事物之间建立起联系时，意义就产生了"。我们身边不乏这样的例子：一个孤单厌世的人养了一条狗，生命中有了牵挂，人生的意义就产生了；一个有钱但活得无趣的人，体会到帮助别人的快乐后，从此投身公益事业，由此找到了属于他的意义……

强化孩子与他人、与社会的联系，有助于他们找到"超越于自身的东西"，从而收获意义感。为此，在孩子小的时候，我们要多鼓励他去发现身边人的需求，并给予力所能及的帮助；当孩子上学后，可以鼓励他多参加社会实践活动。除了各类机构和社区组织的志愿者服务，我们还可以鼓励孩子参与职业体验，了解和感受不同职业角色的工作内容及责任、使命。孩子由此便可以意识到，承担责任本身就是一种付出和给予，也是意义的来源。

第三，让乐趣转化为意义

当孩子感受到某件事情的乐趣时，家长应及时给予关注，从事件中提炼意义并予以强化。比如，孩子喜欢骑单车，家长就可以让孩子在小区里骑着单车帮忙取快递或者寄快递。在取快递的过程中，孩子可能需要先找到从家到快递点的路线，还要与快递员沟通，最后要把物品完好地运送回家。骑车本身充满乐趣，而通过骑单车去战胜困难、帮助家人则会带来意义感。

对此，家长可以围绕孩子的兴趣点设置一些小任务，并为任务创造仪式感，让孩子的行为因乐趣而发生，因意义而持续下去。

从"意义"的角度透视人生

当孩子从身边的小事中、从每天的进步中感受到意义时,他就能体会到生命本身的充实感,而不会觉得"没意思"或"无聊"了。只有当孩子更深刻地发掘出人生的意义时,他才可能从中获得幸福感。对人生的整体认识、对人生意义的理解,就是我们通常所说的"人生观"。

"人生观"这个词听起来很深奥,其实它只回答了两个问题:

第一个问题:人生究竟是怎样的?

对于这个问题,从古至今,从中到西,很多人都有自己的回答。有唐朝诗人刘禹锡的"沉舟侧畔千帆过,病树前头万木春"——在他眼里,人生是不断更新、充满希望的,因此不必太眷恋过去,而应将目光着眼于将来;有北宋文豪苏轼的"人生到处知何似,应似飞鸿踏雪泥",这是在讲人生的种种际遇都是偶然的,就像飞鸿在雪上偶尔留下的足印,但印记又是清晰明确的,值得我们纪念和感怀。

法国思想家罗曼·罗兰说"人生是一场战斗",希望人们能在"认清生活真相之后依然热爱生活";英国作家斯威夫特说"生活是一出悲剧";俄国作家列夫·托尔斯泰则认为"人生不是享乐,而是十分沉重的工作"……

不同性格、不同身份的人对人生的理解往往大相径庭。一个人从孩提时代起对人生的认识,或许会随着他心智的成熟、阅历的丰富而发生巨大变化。因此，对这个问题的回答，注定没有标准答案，没有放之四海而皆准的规定：它是充满个性的、不断变化的，同时也是辩证多元的。

作为家长，我们要引导孩子进行大量的阅读和思考，先体会别人眼里的人生样态，再构建自己对人生的认知：人生是快乐的还是痛苦的，是漫长的还是短暂的？是一个展示自我的舞台，还是一场戴上面具的表演？

在这种种思考的背后，我们要尽量引导孩子建立积极的人生态度，也就是让孩子从总体上认可人生、接受人生、拥抱人生。无论人生会遇到多少阻碍和困境，也无论以怎样的方式度过这一生，我们都应心存感恩。只有建立了这一信念，孩子才能始终保持乐观，获得积极向上的力量。

值得注意的是，建立积极的人生态度，并不意味着一味地"打鸡血"，让孩子样样争第一，为了出人头地而学习、为了功名利禄去钻营。这里的"积极"更多的是指知道自己真正想要什么，并为此而努力。比如大学生放弃大城市的优越生活，回到家乡参与乡村建设——"看淡物质、追求理想"，这是一种"积极"；职场奋斗多年的白领卖掉房子，隐居山野——"放下金钱，安顿内心"，这也是一种"积极"。

关于人生的终极问题，没有标准答案。最重要的是，我们要允许并鼓励孩子找到令自己满意的回答，从而获得安抚心灵、从容前行的力量。

第二个问题：人生的意义是什么？

针对第一个问题，我们探索的是"人生的状态"以及由此我们应当具备的"人生态度"；而第二个问题则涉及"人生的意义"。只有真正明确了意义，我们才能从中感受到兴奋、快乐、满足等各种与"幸福"有关的情绪。

人生的意义与我们对人生状态的认知和理解息息相关。把人生看作是"一场战斗"的罗曼·罗兰，始终致力于争取人类的自由和民主，并将此看作是人生的意义；而认为人生如同"飞鸿踏雪泥"的苏轼，则在逆境中将顺其自然地生活、体会衣食住行的乐趣当作人生的意义。

中国文化中一直有"出世"与"入世"之分：前者注重内心的安稳平静，与世无争；后者则希望努力进取，为国为民无私奉献。人生的意义本身没有高下之分。我们需要做的只是将发现和创造人生意义的不同维度展现在孩子面前，鼓励他们去探求、比较和体悟。

坚定无畏的生存：我们首先要让孩子意识到，"生存"这件事需要足够的勇气与智慧。尤其在一些条件恶劣的地方，"活下来"的难度超乎我们的想象。不管是人还是其他生物，为生存所做出的努力都值得我们敬佩。对此，我们可以带孩子看一些经典的纪录片，如关于地球生物、海洋生物的纪录片等，让孩子了解一下与自己生活空间不同的环境，以及那里的人或动物如何为了生存而用尽全力。这有利于孩子建立更积极的生命观，从而更加珍爱生命。

丰富多元的体验：我们每个人都是从身边的空间走向了更广阔的世界，从单一的技能发展为"全能"，这个过程充满了多种多样的体验，包括尝试不一样的活动、到陌生环境生活、与各色人群打交道等。充分投入这一过程并从中获得成长和启发，能够帮助我们找寻到人生更大的意义。

发挥自己的天赋与能力：这也就是人本主义心理学家马斯洛提出的需求层次理论中，位于最高层的"自我实现"。以自己的能力、见解帮助到别人、推动社会发展，甚至创造新的可能与新技术，这将带给我们巨大的成就感；而成就感激发意义，最终将带领我们找到明确的人生方向。乔布斯曾说过"活着就是为了改变世界"，这就是他的人生意义。很多企业家、科学家在功成名就之后依然不懈地工作，这是因为他们追寻的正是"自我实现"这一层面的意义。

人生的意义是什么？这可能需要我们用一生的时间来回答。无论是家长还是孩子，在不同的人生阶段都需要思考这一问题并且还会给出不同的回答。因此，我们也不必急在一时，而应引导孩子从上述维度积极探索，最终找到属于自己的、独一无二的答案。

亲子读书会：名人如何度过自己的一生？

名人传记，是关于某个领域的成功者一生的故事。和孩子一起读名人传记，关键不在于领会所谓的"成功"秘诀，而在于寻求人生的意义。名人的成长经历、最初的梦想、经历的挫折、取得的成就,都能在一定程度上引领我们去找寻人生的意义。

因此,家长可以和孩子一起阅读一本名人传记,并通过讨论、交流的方式,分享各自的观点和看法。基于家长和孩子的不同视角、不同的人生经历,双方所得出的结论必然不同,这些都将在孩子探寻人生意义的过程中,给予他宝贵的启示。

书目推荐:

绘本类

巴布·罗森斯托克:《凡·高的夜空》

弗洛伦斯·皮诺:《科学家如何拯救世界:巴斯德与微生物》

邦妮·克里斯滕森:《我是伽利略》

文学类

斯蒂芬·茨威格:《人类群星闪耀时》

罗曼·罗兰:《名人传》

本杰明·富兰克林:《富兰克林自传》

艾芙·居里:《居里夫人传》

追求自我认可的价值

"人生的意义"预示了我们这一生的大方向。那么,具体地说，在许许多多我们想做或者不得不做的事情中，有哪些是重要的、可贵的、值得我们珍惜或追求的呢？这就要谈到"价值观"了。

"价值观"是我们认定事物、明辨是非的一种思维或取向，与"人生观"紧密相连。美国心理学家洛特克教授在其代表作《人类价值观的本质》一书中，提出了建立价值观的13个核心要素，包括：成就感，对美感的追求，挑战性，健康（包括身体和心理），收入与财富，独立性，爱、家庭、人际关系，道德感，欢乐，权力，安全感，自我成长，协助他人。

这13个核心要素中，有的关系到个人素养，有的关系到事业成功，有的则关系到道德和理想的实现。在此基础上，我们可以提炼出对于孩子成长和获得幸福感尤为重要的价值观要素，通过家长潜移默化的影响传递给孩子，最终让他们构建起相应的价值认同并践行对这些要素的追求。

健康的身体和心理：对于学龄前及小学阶段的孩子而言，这一点至关重要，却也容易被忽视。"健康"不仅仅是"不生病"，更是身体上的强健、精力充沛、活力旺盛。这些独属于孩子的特点不应该被压制，而应该被疏导和释放。在身体的健康之外，更值得重视的是心理的健康：自信、大方、宽容、友善，没有所谓的"强迫症"与"拖延症"，不自大也不自卑，没有过强的嫉妒心或功利心——这有助于培养孩子优秀的品质和健全的人格。与一时的成绩相比，健康的身心更能让孩子受益一生。

美好的情感：包括亲情、友情、爱情等。人非草木，情感是出自本能的需求，情感的满足将带给我们希望和力量，甚至能够改变我们对这个世界的感受。我们要让孩子懂得，追求情感是正当的，不用遮遮掩掩，不必感到害羞。当我们被美好的情感环绕时，我们就会发现更多的人间美好，进而会主动守护和创造美好。

充实的、富有创造性的工作：对孩子而言，这是一个更为长远的目标。对此，家长需要"以终为始"，注重在学习和活动中培养孩子的创造力，鼓励他们不受套路、标准所限，自由地进行创新。一个因循守旧、一味模仿、不敢越"雷池"半步的孩子，进入职场后会与"创新"彻底绝缘，也不会主动寻求解决问题的新方法，久而久之就会被淘汰掉。

自在舒适的生活方式：生活的幸福感与所选择的生活方式紧密相关，而生活方式完全是个性化的。孩子应该认识到，当他们成年以后，可以按照自己的想法和追求去生活，而不必太在意外界的看法。选择一种令自己感到自在从容的生活方式，能给予我们极强的人生幸福感。

当然，有时你的选择可能会与人际关系、情感需求相冲突。比如抛弃家庭跑去海岛上画画的法国艺术家高更、电影《荒野生存》里不顾一切去阿拉斯加冒险的主人公等，他们的家人可能会因此伤心，亲戚、朋友也可能很生气。我们可以引导大一点的孩子去感受这种"矛盾"，并告诉他们：选择自己想要的生活方式，你会因此而收获成就感、满足感、荣耀感、愉悦感，但也会招致批评、议论，甚至是诋毁和不满。

另外，不同事情的"价值"在同一个人心中也是有排序的。高更选择了画画而放弃家庭，在他心中，艺术的价值高于普通的家庭生活。当人生不能事事完美的时候，我们按照心中的价值排序来做取舍也不失为一种好的解决办法。

我们不妨问问自己，也问问孩子，对于上文提到的13个价值观要素，如果按照重要程度排序，你会做出怎样的排列？如果我们再加上"忠诚""样貌""创造力"等要素，你的排序又会是怎样的？

需要注意的是，价值观的排序与我们自身的优势有关。积极心理学家塞利格曼和彼得森将人类的主要价值观总结为6大类，这些价值观与我们每个人的显著优势紧密相关，分别是"智慧和知识优势""勇气优势""人道优势""正义优势""节制优势""超越（大爱）优势"。正因为如此，价值观的排序可以帮助孩子有效地进行自我认知和定位，发现自身优势，进而在未来找到适合自己的职业以及伴侣，构建理想生活。

比如，追求公平的人或许会成为律师、法官，疾恶如仇的人更想做一名警察，而追求稳定的人可能会选择当公务员。一个看重家庭、具有强烈情感需求的人，可能不太适合与一个事业心强的"工作狂"结婚。清晰地认知和了解自己的价值观排序，有助于我们以更理智的态度对待"人生大事"，从而有效避免风险，提高获得幸福的可能性。

思辨话题：我们该不该追求金钱？

正面思考： 金钱有哪些积极作用？

能让人吃饱穿暖，能让人看病，能让我们帮助别人，能支持科技发展……

反面思考： 金钱可能会导致哪些不好的结果？

引起争吵、嫉妒，让人自私、冷漠，招来危险……

正面思考： 金钱能买到什么？

粮食，衣服，玩具，房子……

反面思考： 金钱不能买到什么？

青春，爱情，别人的尊敬，阳光与空气……

辩证的结论：

1. 拥有金钱能够大大提升我们的生活品质，还能让我们有余力帮助别人，因此值得我们去追求。

2. 追求金钱要通过合法的途径，通过自己的劳动去获得，而不能去偷、去抢。

3. 金钱买不到的东西，往往是人生中最宝贵的东西。因此我们不能本末倒置，为了追求金钱而牺牲其他美好的东西。

探索内外：与三重"世界"和谐相处

"读万卷书，行万里路"，这句家喻户晓的话代表了中国古人一种现实又诗意的追求：我们既可以将它理解为"理论与实践的结合"，也可以将它看作是对"精神世界"（阅读）与"现实世界"（行路）的平衡追求。而在当下这个互联网时代，我们还需要在这两者的基础上纳入对"网络世界"的洞察与思考。

从出生到长大，从上学、读书到工作、成家，我们这一生包含了对真实世界、虚拟世界、精神世界等多重世界的理解和认知。我们的喜怒哀乐、荣耀与成就、自我价值的实现都与外部世界及内心世界紧密相连。

如何认识不同"世界"的特质并处理好自己与它们之间的关系，这与孩子的天性、天赋及成长经历有关。孩子需要深入理解这几个不同的世界，并找到自己与它们和谐相处的方式，唯有如此才能获得幸福感和满足感。

真实世界：了解自然与社会

孩子从诞生那天起就身处于一个真实、丰富的世界中。对于他们而言，世界曾经非常小，小到只是一个晃动的摇篮；后来慢慢变大，大到一个房间、一个校园、一个城市和国家、一个广阔的地球。说到底，我们可以对真实世界做一个简单的分类：自然与社会，也就是"人类创造的"和"地球与生俱来的"这两类。当我们引导孩子对世界产生初步的认知时，我们也可以从这两个类别来切入。

对于自然的认识，是可以和孩子的生活体验相结合的。在观察到日月星辰的东升西落、感受到春夏秋冬的四季变迁之后，孩子自然会心生好奇，从而设法去探索。除了脚踏实地进入自然环境进行"感性"认知之外，阅读相关图书、观看纪录片、参观博物馆等都是对自然环境进行"理性"认识的重要途径。

在带孩子参观自然博物馆或某些主题展览时，为了避免"走马观花"式的无效游览，不少家长喜欢一边看一边滔滔不绝地讲解，或者直接让孩子听语音导览，而实际上，过多的信息"加载"对于孩子来说是无用的，他们很难一下子接受这么多知识输入。

实际上，参观博物馆最有趣的做法之一就是让孩子提前"热身"：通过场馆或展览的公众号预先了解要观看的对象，从中找出自己最感兴趣的，再围绕它们列出一些个性化的问题。进入现场后，不妨让孩子带着任务"直奔重点"，在满足之前的猜测和想象后再阅读相关的说明材料，与家长展开讨论，最后有选择地观看自己感兴趣的展品。

博物馆内的知识固然重要，但这种知识的获取并不需要面面俱到，也不是多多益善。涉及视野拓展、素质提升的学习在很大程度上需要由孩子自己来驱动。以兴趣为主导的参观和学习过程，更容易有所收获。

相对而言，孩子对于"社会"的认知会随着他们心智的成熟、经历的丰富而逐步深入，这是一个比较长的过程。我们通常所说的"社会"既包括地理意义上的国家、地区，也包括文明层面的经济、政治、民族、文化等。这是一个包罗万象的领域，但对孩子来说依然有一个比较有趣而简便的"切入口"，那就是"历史"。

古人说，读史使人明智。历史之中既有跌宕起伏的故事、生动鲜活的人物，又有令人深思的教训、值得探索的课题，天然就是用于"教育"的上佳素材。关于社会的一切要素及这些要素之间的相互作用，我们都能在历史中找到清晰的说明。要引导孩子从历史的角度来了解真实社会，并进行独立的思考，我们可以从以下几个方面来实现：

首先，从孩子最感兴趣的"事件"入手，通过讲述故事、思考故事来完成对一个历史事件的探究，并从中获得启发。比如三国时期赤壁之战的故事中，"以弱胜强""火烧舟船"的要素让这一事件显得非常刺激，也能激发孩子的好奇心。在讲述完基本的情节之后，我们可以鼓励孩子思考：这一事件的关键点是什么？如果改变其中某个要素（比如战斗不是发生在水上而是在陆地上），整个事件可能会发生怎样的变化？进而可以将之扩展，联系到当时整个中国社会的变化：赤壁之战后，曹操实力削弱，三国鼎立的局面形成。一个国家分成三部分，想象一下当时的人们是怎么生活的，这就是由历史向社会的一次洞察。

同时，我们也可以从一个个鲜活的人物入手，去理解社会发展背后的推动力量。比如，在古罗马帝国有哪几个了不起的皇帝？他们做出了怎样的成绩？了解这些人物的成就，其实就是在梳理一个国家军事、经济、文化的变迁，让孩子感受到重要的历史转折是如何影响社会、影响大部分人的生活的。

从"故事"和"人物"切入来理解历史和社会，就像是对漫漫人类发展过程的散点透视；除此之外，我们还需要帮助孩子构建"系统化思维"，从时间或空间的角度纵览人类社会的发展，以一种宏大的、鸟瞰的视角来看待整个历史，初步认识到我们从何而来，又是怎样一步步发展到今天的。

对此，我建议家长可以和孩子一起制作思维导图或者手绘图，比如围绕"中国历史上的朝代"这一主题，在一条时间轴上标注出不同朝代的起始时间、了不起的人物、重要事件等。这一过程本身会加深孩子的印象，比死记硬背时间点和知识点更有利于孩子对历史的系统理解。

自然与社会，构成了我们可感、可知、可改变的这个真实世界。在孩子以充分的认知实践去探索真实世界时，他们还需要认识到：这个世界不是单一不变的，而是丰富多元的，拥有许多看似相反的特质，比如生动与枯燥、光明与黑暗、善与恶等，这些特质之间也可能互相转化。这就意味着我们要接受世界的各个侧面，不刻意逃避，不自我欺骗，始终以乐观、变化的眼光看待外界的事物，建立对世界最基本的积极态度。

想带孩子探索真实世界？来一场亲子旅行吧！

古人"行万里路"的梦想在今天变得已不再遥远，而且"行万里路"的价值还有了全新的拓展。无论是希望洞察自然环境还是探索社会人文，旅行都是最佳方式之一。对于亲子旅行，你或许也有以下疑问，一起来看看吧！

Q1：带很小的孩子出去旅行是否真的毫无必要？

要看你的"必要"指的是什么，如果是指记住某个地方甚至一堆知识，那的确会让你失望；如果是指旅途中的亲子互动、内心获得的愉悦，那么再小的孩子也能体会得到。在自身体力和经济状况允许的情况下，不必纠结，不过是一次旅行而已。

Q2：对亲子旅行应该抱有怎样的目标？

首先是愉悦，大人和孩子都要享受这一过程。有时候孩子会有自己的愉悦点，家长无须强求。正如学习需要以兴趣为出发点一样，旅行也是。

然后是尽量多角度调动感官的体验，强化孩子在旅途中的感受力。为此，我们可以适当把旅途过程拉长，选择火车或汽车，以让孩子充分体验路程中的精彩，而不是急于抵达目的地。旅行条件不必非要搞得高大上，住客栈所带来的启发和乐趣或许远远多于住高级酒店。

最后，是认知和视野上的扩展，了解风土人情、历史传说，对路上看见的景象进行思考和讨论等。

Q3：以认识世界为目的，如何让孩子在旅途中收获更多？

1. 为旅途"预热"，翻看与目的地相关的纪录片、书籍、地图等，让孩子记下自己感兴趣的部分。

2. 积极融入当地生活，比如逛逛菜市场，与当地人（司机、导游）聊聊天，尝试当地的服饰或饮食等。

3. 引导孩子对旅途中的现象进行辩证思考，比如有些贫穷的地方本来自然风景很美，开发成旅游区后环境却遭到了破坏，那么是否应该继续开发？

4. 做旅行手账，可以画下看到的风景、搜集动植物标本、写下好奇的问题，还可以根据地图标注每个地点并记录当地的特产，等等。

> **亲子纪录片推荐**
>
> 适合：5~12岁孩子及其家长
>
> **自然类：**
>
> 《七个世界，一个星球》
>
> 《绿色星球》
>
> 《未至之境》
>
> 《众神之地》
>
> 《企鹅群里有特务》
>
> 《生命》
>
> **历史文化类：**
>
> 《历史那些事》
>
> 《如果国宝会说话》
>
> 《餐桌上的世说新语》
>
> 《此画怎讲》
>
> 《典籍里的中国》
>
> 《微观历史秀》

网络世界：避其"锋刃"，用其"锋利"

20世纪90年代，网吧在全国遍地开花时，家长对于让孩子"上网"这件事一度非常反对。孩子不爱学习、成绩差、没考上理想的学校,家长将这一切都归因于"平时就知道上网",视网络为洪水猛兽。但进入21世纪后,包括移动网络在内的互联网世界迎来大发展,一众教育类软件的出现更是让手机学习、平板电脑学习成为常态。一些先进的学校已经将网络引进课堂,让孩子们通过手中的平板电脑来自主探索新事物与新知识;即使在一些偏远山区,通过网络教学来实现优质资源共享也正在成为现实……

实际上,对于人类社会的发展和人的成长而言,任何技术的进步与发展都是"双刃剑"。在飞速发展的互联网时代,我们不可能再像以前那样将上网视为学习的"敌人",而应该在认识网络特性的基础上,避其"锋刃",用其"锋利",让网络在孩子的成长过程中发挥积极的推动作用。

那么,面对汹涌而来的互联网大潮,我们应当如何引导孩子理智"冲浪"呢?我们需要根据网络世界本身的特性,来确立合理的使用方式。

1. 易上手

你有没有发现?我们根本无须给孩子报专门的电脑班,只要给他们一台接入网络的电脑或是平板,以及一下午不受干扰的时间,他们就能揣摩出很多种用法,展开一些稀奇古怪的探索,做出常用电脑的成年人也从未做过的事。这充分说明了电脑本身的易上手性,以及进入网络世界的"低门槛":孩子无须输入网址,只要不断地点击"超链接",就可能"走"得很远。

正因为如此,对孩子探索网络世界这一行为,我们需要抱有开放、支持的态度,鼓励他们以自己的方式、按照自己的思路去揣摩电脑及网络的使用方式、功能和价值。但与此同时，我们也不能完全放任孩子进入"无限"的网络空间，而是要给予他们"有限的自由"：限制访问的网址（比如开启系统和各个软件的"青少年模式"），以及限制上网时间、限制可使用的应用软件等。在孩子建立起明辨是非的能力之前，家长应为他们创造一个尽可能安全的、绿色的上网环境。

2. 拿来主义

小学以上阶段的孩子，可以通过自己查询网络资料来完成一些新知的吸收，这就类似于我们通过查字典来记住字词一样。但不同的是，网络上的资讯和知识无穷无尽，且极易获得，这可能会导致孩子习惯于"顺手拿来"，而不进行思考。

对此，我们不妨引导孩子将自己想象成"侦探家"：从网上查找知识点，这是在搜集"线索"；而将"线索"整合起来进行思考，这是在"分析推理"。前者是借助网络来完成的，后者则需要依靠我们自己的努力来获取。如此一来，就能让网络成为被我们利用的工具，而不是代替我们思考的"大脑"。

3. "乌合之众"与"信息茧房"

网络世界是一个"众声喧哗"的空间，每个人都可以通过不同的途径发声，但也因为声音过多、信息泛滥而使我们的判断容易被误导、扭曲，从而遮蔽真相。一个世纪以前，法国社会心理学家古斯塔夫·勒庞在其经典著作《乌合之众》中就已一针见血地指出：当人们因为同一个目的会聚到一起以后，就容易丧失自己的个性和思考，变得行事冲动、容易轻信谣言，情感和行动往往会走极端。

从这个角度看，网络世界的"网民"正是如此。每当一个社会热点事件出现以后，我们总会听到来自四面八方的评论，其中大部分看法都没有依据，只是人云亦云。在这样喧嚣的网络世界里，我们应特别提醒孩子要运用自己的思辨能力和判断能力，做到不轻信、不盲目、不轻易被煽动，凡事多问一句：是这样吗？还有没有别的可能？这种态度有利于我们展开冷静、客观的思考，拥有思想上的"主动权"。

不仅如此，看似开放无垠的网络世界，实际上却在悄悄为我们营造"信息茧房"：越来越智能化和"聪明"的网络会让我们不知不觉地被自己的兴趣引导，从而陷进类似"蚕茧"一样的状态，让生活越过越狭隘。比如，如果我们总喜欢上网看同一类小说、总喜欢听某种风格的歌，大数据便会"投我所好"，大量推送我们喜欢的东西，这样反而限制了我们的思维空间，而不再有接触其他事物的余地。

对于孩子而言，"信息茧房"的存在让他们难以接触到更广阔、更丰富多元的世界，而被一时的喜好主导，变得故步自封。而我们今天所倡导的"跨界""通识"教育都是在尽力打破这种种壁垒，让孩子可以以更开阔的心胸、更有创造性的思维去观察和探究不同领域，产生更有价值的灵感。因此，我们要有意识地鼓励孩子"走出舒适区"、尝试接触陌生的领域，这是对抗"信息茧房"的有效途径。

4. 自我展示与虚拟"人设"

"你看我搭的乐高城堡多漂亮，快帮我拍张照，我要发朋友圈！"七八岁的孩子，刚刚建立社交圈，刚刚接触微信等网络平台，总是乐于"秀"出自己的生活点滴，关心朋友们的点赞与留言。这一现象无可厚非，也体现出独属于我们这个时代的社交乐趣。

从微信到抖音、从小红书到视频号，各类"自我展示"的媒体平台空前丰富，为孩子的"个人秀"提供了更多的机会。对于孩子想要"秀自己"的欲望，家长不必过多干涉，但需提醒他们要积极感受分享所带来的快乐，而不是抱着"搜集更多点赞，成为小网红"的功利目标。展示的意义其实不是"秀"本身，更不是以此换取流量和名声（那只是某种幸运或机遇的结果），一定要清晰认识"人设"的尺度，告诉孩子设置自己在网上的虚拟形象的真正价值，在于维持健康正向的对话和交流并尽可能自我保护。

与"自我展示"相伴随的，是对于所谓"人设"的认知。我们需要向孩子强调的是：他可以自愿选择在网上展示自己美好的特点，但不能以"欺骗"为手段，以一个不真实的自我来面对外界。我们不难发现身边有不少这样的案例：热衷于在网上制造虚幻形象的人，最终会在泡沫破灭的那一刻陷入自我怀疑，乃至步入精神上的困境。

与其包装网上的自己，不如积极改变现实中的自己。

5. 链接现实

某国际学校的老师曾向我"吐槽"：现在的孩子过于依赖电脑和网络，学习、娱乐、社交全都在"网上"进行，以致对真实世界毫无兴趣，一旦"断网"便无所事事、无精打采。实际上，这样的"网瘾"现象在网络最初进入家庭的时候也曾引起过关注，但随着互联网的普及，人们反而不再重视"成瘾"的问题——毕竟成年人无时无刻不在刷手机，这样的场景早已司空见惯。

在"元宇宙"方兴未艾的当下，作为家长的我们应该注意思考：网络世界与真实世界究竟是怎样的关系？我们和我们的孩子是否可以一直活在虚拟世界里？

即使是号称与真实世界平行的"元宇宙"，其一切要素和构建思路也是以现实为基础的。对于尚未建立起系统的知识体系的孩子而言，在现实中进行体验、感受、探索和学习，这一过程是不能被"上网"替代的，因为它赋予我们的是可感可触的印象，产生的是实实在在、持久而深远的影响。

但与此同时，我们也要引导孩子体会网络世界与现实世界的连接，将二者结合起来而不是分割开来看待。比如通过网络举办公益活动，让更多人参与援助，扩大公益活动及其精神的传播力。这体现了充分利用网络世界的优势，最终正向作用于现实世界。

精神世界：创造自由安宁的心灵栖息地

"精神"看不见、摸不着，"精神世界"不过是我们对于一个人所思、所想、所感、所悟的统称：它可以是浪漫、诗意、感性的，也可以是深刻、严肃、理性的；它可以是单一乏味的，也可以是多元丰富的。精神世界的状态和特质会影响到我们的言谈举止。所谓"腹有诗书气自华"，你的气质不是刻意营造出来的，而是内心的精神世界在外表上的投射，其中藏着你读过的书、走过的路、有过的思考与感悟。

具体而言，我们的精神世界大致是由以下三方面的积累构建而来：

第一，我们对人生、价值、世界的基本认识及态度，也就是"三观"。这决定了我们精神世界的"底色"是灰暗的还是明亮的，是黑白的还是彩色的。不管外部的真实世界如何变化，精神世界始终只与我们自己的内心相关。

第二，我们的经历，以及我们基于此获得的感受和做出的思考。一是经历，二是感受和思考，这两者缺一不可。一个人经历了很多苦难却未被打倒，他的身上自然会有一种坚韧的气质。这是他从苦难中学到的东西，包括不屈的精神、对未来的信念，这些就构成了他的精神世界。

第三，那些在思想和行为上影响和引导过我们的人。或许有的人给了我们正向的激励和鼓舞，而有的人让我们恐惧和抗拒，但无论如何，他们从正反两面激发了我们的爱憎喜怒，促使我们做出自己的人生选择。比如大文豪苏东坡交往过佛印、道潜等多个僧人好友，在思想上也深受佛学大师的影响，因此在人生跌宕起伏的时候，他始终能保持平和的心境。

我们从苏东坡的例子还可以看出，一个人的精神世界与其一生的幸福密切相关：苏东坡一生经历了各种政治打击，却依然自得其乐、从容不迫。他旷达而有趣的精神世界令后世文人艳羡不已。如今，我们的孩子正处于一个复杂多变的时代，他们将面临巨大的压力和挑战，为此，他们应当构建一个怎样的精神世界，才能最大程度地激发内心的幸福感、获取持续前行的力量呢？

　　在我看来，这样的精神世界首先应该是"丰富、包容、开放"的：对于真实世界的多样性有全面的认知，不盲目，不偏激，不基于主观情绪去评判客观事实；对于和自己不同的想法、做法能够持宽容的态度，给予善意的意见，而不是恶意打击与排斥；对于自己的生活有丰富敏锐的感知、有活跃的创造力，无论什么情况下都能"自得其乐"。

　　一个令人有幸福感的"精神世界"还应该是"自由而有个性"的。孩子在成长过程中，或许会受到前辈大师、名人名家思想的影响。我们固然可以以一些伟大人物为榜样，但一整套"三观"的构建、生活方式的选择是无法完全"复制"的。孩子需要在借鉴、学习、模仿的过程中摆脱标准、套路，基于自身的经历和体会，构建独一无二的精神世界。

　　最后，我们的精神世界不能完全依附于物质，而应当在一定程度上"诉诸哲学与审美"。哲学思维让孩子的头脑更清明，不轻易跟随大流，不随意乱下结论；审美情趣则让人看到内心与世界的闪光点，脱离物质层面去感受精神层面的愉悦。我们需要让孩子意识到，小时候的学业与成绩、长大后的事业与财富，都不能决定一个人的幸福感，过多的功利目标反而容易让人迷惘、焦虑、痛苦。在基本的物质需求得到满足以后，最终让我们感到内心充实、平和自足的，是一个丰富有趣的精神世界。

　　对于孩子而言，精神世界的构建是一个"润物细无声"的过程。它是一种"阅历",也是一种"感悟",与孩子天生的个性相关,也与父母后天的引导及孩子自身的成长环境有关。

当孩子从一片空白中开启自己的成长时,除来自父母的言传身教外,更高效的学习途径就是"读书"。小学阶段的孩子已经有了初步的识字量,这时候的读书原则是尽可能"广泛涉猎",包括天文、地理、历史、哲学,童话、寓言、小说、诗歌,虚构的与非虚构的作品,先从"数量"的积累上为孩子的精神蜕变打下基础。

这时候家长会发现,男女生的差别在阅读上得以体现:男孩可能更关注"真实世界",对宇宙天地、动植物比较感兴趣;而女孩更喜欢"虚拟世界",爱看想象力丰富、感情细腻的小说故事。对此,我们可以给予一定的平衡和引导,让孩子在阅读上跳出"舒适区",去探索不一样的阅读种类和乐趣,这也是构建"丰富、开放"的精神世界的要素之一。

与此同时,我们还要鼓励孩子努力寻找自己的榜样,他人的引领可以促进孩子对自我的反省,会使其在成长过程中拥有更强大的内心,树立更笃定和自信的态度。

感受与思考,对于孩子精神世界的构建非常重要。在当下这个信息化社会,"刺激"无处不在,真正的"思考"却极其匮乏。为此,我们不妨设计一些特别的家庭"仪式"来激发孩子思考:比如在年初或年末的时候开展家庭总结,每个人都回顾并盘点过去一年的收获、未来的计划等。因为有家长的"示范"和参与,孩子往往是将其视作一种"游戏"而投入其中,通过定期的"复盘"来有意识地加强自己的思考力。

如前文提到的，针对社会热点、新闻事件展开的家庭讨论也是一种促进孩子思考的有效途径。这种讨论能帮助孩子进行多角度的独立思考，并学会批判性思考，对网络舆论做出客观冷静的判断。

无论是孩子还是家长，有了丰饶、自信的精神世界，就不容易受外界的干扰和影响，不会陷入盲目的焦虑和担心之中。构建精神世界，说到底是建立对世界、对未来、对自我的信念——相信这个由我们自己创造并乐在其中的精神殿堂，最终能带给我们走过人生长路、收获幸福的力量。

图书在版编目（CIP）数据

打造元能力，孩子的未来不会差 / 王茹辛著. —成都：天地出版社，2023.10
ISBN 978-7-5455-7909-3

Ⅰ.①打… Ⅱ.①王… Ⅲ.①家庭教育 Ⅳ.①G78

中国国家版本馆CIP数据核字（2023）第152863号

DAZAO YUANNENGLI, HAIZI DE WEILAI BUHUI CHA
打造元能力，孩子的未来不会差

出 品 人	杨 政
著 者	王茹辛
责任编辑	张秋红
责任校对	杨金原
封面设计	挺有文化
内文排版	麦莫瑞
责任印制	王学锋

出版发行	天地出版社
	（成都市锦江区三色路238号 邮编：610023）
	（北京市方庄芳群园3区3号 邮政编码：100078）
网 址	http://www.tiandiph.com
电子邮箱	tianditg@163.com
经 销	新华文轩出版传媒股份有限公司
印 刷	北京文昌阁彩色印刷有限责任公司
版 次	2023年10月第1版
印 次	2023年10月第1次印刷
开 本	880mm×1230mm 1/32
印 张	8.25
字 数	210千字
定 价	52.00元
书 号	ISBN 978-7-5455-7909-3

版权所有◆违者必究

咨询电话：（028）86361282（总编室）
购书热线：（010）67693207（营销中心）

如有印装错误，请与本社联系调换。